•••• 공부습관을 잡으면 **성적과 학습능력**[이]

자기 분야에서 눈에 띄는 성과를 이루어 낸 많은 사[람들은] [성][공의 열쇠였다고]
말합니다. 공부도 마찬가지입니다. 자신의 페이스를 [꾸준]이 [유]지하며 공부하는 습관을 들인다면 학습능
력과 성적은 저절로 따라 올라갑니다.

•••• **올바른 공부습관**이 없다면 학습능력은 사상누각!

본격적인 학교 공부를 시작하는 시기인 초등학교. 바로 이때 공부습관을 제대로 잡아 주는 것이 무엇보
다 중요합니다. 이때 형성된 공부습관이 이후 중ㆍ고등학교에서의 학업 성취도를 좌우하기 때문입니다.

•••• '워밍업 ➡ 해결전략연습 ➡ 의욕충전'의 3단계 학습법

본격적인 운동을 하기 전에 준비운동으로 몸을 풀면, 더욱 안전하고 효과적인 운동을 할 수 있습니다. 공
부를 시작하기 전에도, 먼저 두뇌를 공부할 수 있는 상태로 풀어 주어야 더욱 효율적인 공부를 할 수 있습
니다. 공습에서는 준비운동을 통해 두뇌를 공부 모드로 바꿔 준 다음, 해결전략을 연습하는 문제를 풉
니다. 그리고 공부 의욕을 높이는 짤막한 글로 마무리하여 학교ㆍ학원 공부를 더욱 충실히 수행할 수 있
도록 합니다.

"콩셈으로 잡는 3대 공부습관"

•••• 첫째, 스스로 공부하는 습관

잔소리를 해서 공부를 시키는 부모와 잔소리 때문에 억지로 공부하는 아이, 모두 스트레스를 받습니다. 그러나 억지로 하는 공부는 오히려 아이에게 공부에 대한 반감만 일으킬 뿐입니다. 일단 아이의 공부 부담부터 줄여 주세요. 남들 한다고 따라서 이것저것 아이에게 시키지 마세요. 이 시기에는 하루하루 꾸준히 스스로 공부하는 습관을 잡아 주는 것만으로도 충분합니다.

콩셈은 하루 10분, 부담 없이 재미있게 공부할 수 있습니다. 아이와 하루 10분 **콩셈** 공부를 약속하고 지켜 보세요. 시키지 않아도 스스로 공부하는 아이를 만날 수 있을 것입니다.

•••• 둘째, 차례차례 문제를 해결하는 습관

긴 글만 보면 괜히 주눅이 들어서 자기가 가지고 있는 실력을 100퍼센트 발휘하지 못하는 아이들이 많습니다. 이것은 무엇보다 문제의 핵심이 무엇인지 파악하는 훈련이 되어 있지 않기 때문입니다. 학년이 올라갈수록 문제를 분석하여 해결 방법을 찾는 능력이 많이 요구됩니다. 초등학교 때부터 차례차례 문제를 해결하는 방법을 훈련하여, 이를 습관으로 만들어야 합니다.

콩셈은 절차적 문제해결전략을 반복해서 훈련함으로써, 핵심을 잡아내는 공부습관을 만듭니다.

•••• 셋째, 꾸준히 공부하는 습관

하루 세 끼 규칙적으로, 알맞은 양을 먹는 것이 건강을 지키는 방법입니다. 공부도 마찬가지입니다. 매일매일 아이가 할 수 있는 양만큼만 꾸준히 공부한다면, 아이는 공부와 시험에 대한 부담을 덜어 내고, 자신의 실력을 차곡차곡 쌓을 수 있습니다. 꾸준히 공부하기 위해서, 우선 아이 스스로가 공부는 할 만한 것이라는 자신감과 재미를 가져야 합니다.

콩셈은 문제해결전략만 이해하면 누구나 풀 수 있습니다. 따라서 아이는 문제를 풀면서 자신감을 갖게 되고, 이러한 자신감은 공부에 대한 재미로 이어져 꾸준히 공부할 수 있는 습관을 만듭니다.

•••• 어휘 간의 관계를 이해하고 다양하게 활용하는 습관을 잡는다.

영어 공부를 할 때는 영한사전이 아니라 영영사전을 찾아야 실력이 더 빨리 는다고 합니다. 어휘는 상황과 문맥에 따라 그 뜻이 달라지고, 비슷한 뜻의 어휘라도 상황에 알맞게 구별하여 사용해야 하기 때문입니다. 당장 문장을 해석하고 단어를 외울 때에는 단편적인 뜻을 이용하는 것이 더 편하지만 장기적으로 봤을 때 그런 습관은 독이 됩니다. 국어 어휘력은 단순히 어휘의 뜻만을 외우도록 하지 않습니다. 어휘와 어휘 사이의 관계와 다양한 활용 방법을 반복적으로 훈련함으로써 다각도의 어휘 접근 방법을 일깨워 줍니다.

•••• 암기로 버텨 왔던 어휘를 사고력 확장을 이끄는 어휘로

암기를 통해 머릿속에 넣은 어휘로는 그 어휘가 원래 가지고 있는 개념만큼 다양하게 활용할 수 없습니다. 어휘는 변화무쌍하고 용례 또한 다양하기 때문에 어휘에 대한 접근 역시 과학적이고 다양한 방법으로 해야 합니다. 국어 어휘력의 전략을 통해 어휘 간의 관계를 파악하고 어휘의 다양한 쓰임새를 알 수 있습니다. 어휘 간의 관계를 살펴보는 과정에서 자연스럽게 학습할 어휘의 양을 늘리고 질을 높일 수 있습니다. 또한 어떤 어휘를 보더라도 이런 전략들을 적용시키는 습관을 키울 수 있습니다. 국어 어휘력은 어휘 학습뿐 아니라 사고력까지 높여 주는 과학적 프로그램입니다.

" 『국어 어휘력』 활용 방법 보기 "

하나 처음 일주일 정도는 아이와 함께 하세요.

국어 어휘력의 어휘 접근 전략을 아이가 이해할 수 있도록 일주일 정도는 아이와 함께 문제를 풀어 보세요. 각각의 전략 단계를 어떻게 풀면 되는지 설명해 주고, 채점을 통해 다시 한번 짚어 줍니다.

둘 매일 1회분씩 꾸준히 하도록 유도하되 강요하지 마세요.

아이에게 공부하라고 말하기 전에, 먼저 공부할 수 있는 환경과 조건을 만들어 주세요. 그리고 아이가 스스로 공부할 때까지 지켜봐 주세요. 또한 하루에 1회분 이상 진도를 나가지 않도록 지도해 주세요. 하루에 2회분 이상의 문제를 푸는 것은 꾸준한 공부 습관 형성에 방해가 될 수 있습니다.

셋 아이의 수준에 맞게 단계별로 선택하세요.

국어 어휘력은 초등학교 교과서에서 뽑은 어휘들과 교과 과정 학습에 도움이 되는 어휘들로 이루어져 있습니다. 특히 요즘 국사의 중요성이 점점 부각되고 있기 때문에, 사회 과목의 경우 국사 영역을 따로 구분하여 어휘 학습을 하도록 구성하였습니다. 교과서를 바탕으로 한 어휘는 무엇보다 먼저, 꼭 알아야 하는 기본 어휘입니다. 또한 학교 수업에서 주로 이용되는 어휘들이기 때문에 천차만별인 아이들의 어휘 수준에 보다 가깝게 접근할 수 있습니다. 국어 어휘력을 공부할 때, 해당 학년에 속하는 단계를 선택하여 학교 공부와의 연계성을 갖고 이해도를 높이는 것도 좋습니다. 그러나 학교 진도를 따라가기 위한 목적으로 무리하게 단계를 선택하지는 마세요. 국어 어휘력은 단기적으로 국어 '성적'을 높이기 위한 교재가 아닙니다. 국어 어휘력의 목적은 국어 '능력'을 높이는 것으로, 이것은 장기간의 훈련과 노력을 필요로 합니다. 아이의 어휘 실력에 맞는 단계를 선택할 때 최고의 효과를 얻을 수 있습니다.

단계	구성	어휘 출제 과목	출제 어휘 수
1·2학년	30회	국어, 수학, 과학, 사회, 예체능 영역	매 회 10~15개
3·4학년	30회	국어, 수학, 과학, 사회 영역	매 회 10~15개
5·6학년	30회	국어, 과학, 사회 영역	매 회 10~15개

넷 걸린 시간과 정답 개수를 꼭 적도록 하세요.

국어 어휘력은 문제마다 걸린 시간과 정답 개수를 적도록 하고 있습니다. 아이들이 문제를 푼 다음, 걸린 시간을 적을 수 있도록 미리 시계를 준비해 주세요. 어휘의 양과 난이도에 따라 도전 시간에 차이를 두었습니다.

욕심이 앞서서 문제 풀이의 속도만 높이려 한다면 오히려 어휘 하나하나에 대해 고민하는 시간을 갖지 못합니다. 얼마나 많은 어휘를 외우느냐는 것은 중요하지 않습니다. 어휘를 통해 사고력까지 키울 수 있도록 여유를 가지세요. 도전 시간을 주고 걸린 시간과 정답 개수를 적게 하는 것은 집중력을 높이고 실력 향상의 재미를 느끼게 하기 위한 장치임을 꼭 기억하세요.

다섯 우리 아이, 이럴 땐 이렇게 하세요.

• 도전 시간 안에, 틀린 답 없이 문제를 풉니다.

　뛰어난 어휘 이해 능력을 지녔습니다. 꾸준하게 훈련하면 어휘에 대한 감각이 잡히고 동시에 언어사고력 또한 발달할 것입니다.

• (도전 시간을 기준으로) 걸린 시간은 매우 짧은데, 정답률이 낮습니다.

　문제풀이전략을 이해하지 못한 상태에서 건성으로 문제를 푼 것입니다. 문제의 틀을 이해시키고, 한 문제 한 문제 같이 풀어 보는 과정이 필요합니다.

• (도전 시간을 기준으로) 걸린 시간은 길지만, 정답률은 높습니다.

　전략에 따른 문제 해결이 아직 익숙하지 않거나, 집중력이 오래 가지 못하는 것입니다. 그럼에도 문제를 꼼꼼하게 풀어낸 아이의 끈기를 칭찬해 주시고, 하루하루 지켜봐 주세요. 그리고 주변 환경을 정리하고 부모가 직접 시간을 재서 아이의 집중력이 흐트러지지 않게끔 도와줍니다.

• (도전 시간을 기준으로) 걸린 시간은 긴데, 정답률이 낮습니다.

　문제풀이전략을 이해하지 못한 상태이며, 집중력 또한 떨어지는 것입니다. 옆에서 좀 더 지켜보며 문제 풀이를 다시 설명해 주세요. 주변에서 쉽게 볼 수 있는 사물을 예로 들고, 그 어휘를 그림으로 표현하는 등의 활동을 통해 문제 풀이에 대한 집중력과 재미를 길러 줍니다.

국어 어휘력은 공부를 시작하기 위한 준비운동인 「머리 풀어주는 퍼즐」과 본격적인 문제 해결전략을 연습하는 「낱말이 쏙 생각이 쏙」(1. 가로세로 낱말 찾기, 2. 낱말 뜻 알기, 3. 비슷한 말 반대말 알기, 4. 큰 말 작은 말 알기, 5. 짝을 이루는 말(관용어) 알기, 6. 낱말 활용하기), 그리고 공부 의욕을 높여 주는 「생각 다지는 글」로 구성되어 있습니다. 아이들의 어휘 수준에 맞게 '낱말' 과 '어휘' 라는 말을 조정하여 사용하였습니다.

준비운동 – 머리 풀어 주는 퍼즐
다양한 퍼즐을 통해 두뇌를 공부 모드로 전환하고 아울러 창의사고력을 키웁니다.

1. 가로세로 낱말 찾기
어휘를 찾아보는 가벼운 몸 풀기 문제입니다. 학습할 어휘와 뜻밖의 조합을 이루는 어휘를 찾으면서 흥미를 느낄 수 있습니다.

2. 낱말 뜻 알기
어휘의 뜻을 찾는 문제입니다. 어렴풋하게는 알지만 정확히 표현하기 어려웠던 어휘의 뜻을 사전적 설명과 그림을 통해 파악할 수 있습니다.

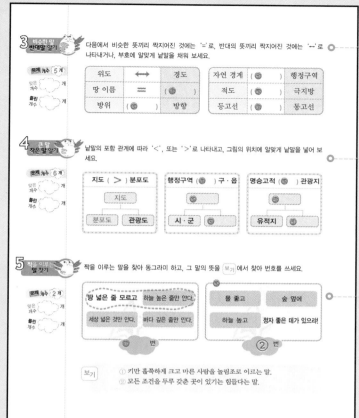

3 비슷한 말 반대말 알기

다음에서 비슷한 뜻끼리 짝지어진 것에는 '='로, 반대의 뜻끼리 짝지어진 것에는 '↔'로 나타내거나, 부호에 알맞게 낱말을 채워 보세요.

문제 개수 5개
맞은 개수 개
틀린 개수 개

위도	↔	경도
땅 이름	=	(㉠)
방위	(㉢)	방향

자연 경계	(㉢)	행정구역
적도	(㉣)	극지방
등고선	(㉤)	등고선

4 큰 말 작은 말 알기

낱말의 포함 관계에 따라 '<', 또는 '>'로 나타내고, 그림의 위치에 알맞게 낱말을 넣어 보세요.

문제 개수 6개
맞은 개수 개
틀린 개수 개

지도 (>) 분포도

지도

분포도 관광도

행정구역 (㉠) 구·읍

㉡

시·군 ㉢

명승고적 (㉣) 관광지

㉤

유적지 ㉥

5 짝을 이루는 말 찾기

짝을 이루는 말을 찾아 동그라미 하고, 그 말의 뜻을 보기에서 찾아 번호를 쓰세요.

문제 개수 2개
맞은 개수 개
틀린 개수 개

땅 넓은 줄 모르고 하늘 높은 줄만 안다.
세상 넓은 것만 안다. 바다 깊은 줄만 안다.

물 좋고 숲 옆에
하늘 높고 정자 좋은 데가 있으랴!

㉠ 번   ② 번

보기
① 키만 홀쭉하게 크고 마른 사람을 놀림조로 이르는 말.
② 모든 조건을 두루 갖춘 곳이 있기는 힘들다는 말.

---

3. 비슷한 말 반대말 알기
비슷한 말과 반대말을 파악하는 문제입니다. 하나의 어휘에 연결되는 비슷한 말, 반대말까지 자연스럽게 알게 되어, 어휘의 의미를 좀 더 분명하게 알 수 있습니다.

4. 큰 말 작은 말 알기
어휘의 포함 관계를 파악하는 문제입니다. 부등호와 그것을 바탕으로 만들어진 조직도를 통해 어휘 간의 상위 개념과 하위 개념을 구분할 수 있습니다.

5. 짝을 이루는 말(관용어) 찾기
관용어를 찾고 그 뜻을 알아보는 문제입니다. 어휘가 관용적으로 쓰이면 원래의 뜻에 변화가 오기 때문에 어휘의 개념 확장에 대해 이해할 수 있습니다.

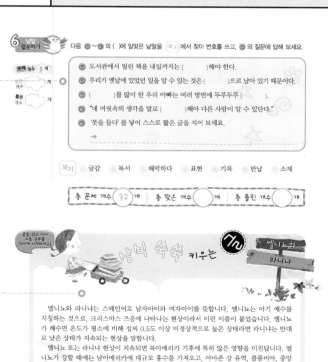

6 낱말 활용하기

다음 ㉠~㉤의 ( )에 알맞은 낱말을 보기에서 찾아 번호를 쓰고, ㉤의 질문에 답해 보세요.

문제 개수 5개
맞은 개수 개
틀린 개수 개

㉠ 도서관에서 빌린 책을 내일까지는 ( )해야 한다.
㉡ 우리가 옛날에 있었던 일을 알 수 있는 것은 ( )으로 남아 있기 때문이다.
㉢ ( )를 많이 한 우리 아빠는 여러 방면에 두루두루 ( ).
㉣ "네 머릿속의 생각을 말로 ( )해야 다른 사람이 알 수 있단다."
㉤ '붓을 들다'를 넣어 스스로 짧은 글을 지어 보세요.
→

보기 ① 글감 ② 독서 ③ 해박하다 ④ 표현 ⑤ 기록 ⑥ 반납 ⑦ 소재

총 문제 개수 32개   총 맞은 개수 ( )개   총 틀린 개수 ( )개

6. 낱말 활용하기
학습한 어휘가 실제 문장이나 생활에서 활용되는 것을 보여 주는 문제입니다. 문맥을 파악하고 상황을 연상하는 능력을 키울 수 있습니다.

마무리 – 생각 다지는 글
공부에 도움이 되는 이야기, 좋은 생활 습관을 다지는 이야기 등 부모가 아이에게 해 주고 싶은 이야기를 다양하게 싣고 있습니다.

상식 쑥쑥 키우는 ⑦ 엘니뇨와 라니냐

엘니뇨와 라니냐는 스페인어로 남자아이와 여자아이를 뜻합니다. 엘니뇨는 아기 예수를 지칭하는 것으로, 크리스마스 즈음에 나타나는 현상이라서 이런 이름이 붙었습니다. 엘니뇨가 해수면 온도가 평소에 비해 섭씨 0.5도 이상 비정상적으로 높은 상태라면 라니냐는 반대로 낮은 상태가 지속되는 현상을 말합니다.

엘니뇨 또는 라니냐 현상이 지속되면 북아메리카 기후에 특히 많은 영향을 미친답니다. 엘니뇨가 강할 때에는 남아메리카에 대규모 홍수를 가져오고, 아마존 강 유역, 콜롬비아, 중앙아메리카는 평상시보다 건조하고 온도가 높아진답니다. 라니냐가 나타날 때는 원래 찬 동태평양의 바닷물은 더욱 차가워진답니다. 따라서 동남아시아에는 격심한 장마가, 남아메리카에는 가뭄이, 그리고 북아메리카에는 강추위가 찾아온답니다.

1. 가로 세로 낱말 찾기

다음 네모에서 알고 있는 낱말을 찾아 동그라미를 해 보세요.

명	절	다	리	밟	기	땔	오	장	★
★	한	탈	춤	윷	★	감	곡	작	보
대	식	조	★	놀	민	요	밥	★	릿
보	★	동	지	이	속	판	소	리	고
름	더	위	팔	기	아	궁	이	★	개

내가 찾은 낱말 16 개

가로 혹은 세로에 숨어 있는 어휘를 찾아 동그라미로 묶습니다. 한 글자씩 겹치기도 합니다. '윷놀이'와 '더위팔기'의 끝 글자들이 '이기'라는 조금 생소한 글자를 만들기도 하고, 또 '다리'와 '밟기'처럼 각자의 뜻을 가지고 있는 어휘들이 '다리밟기'라는 하나의 뜻을 만들기도 합니다. 그래서 학습자의 수준에 따라 주어진 글자로 만들 수 있는 어휘의 개수가 달라집니다. 어떤 아이는 '동위'처럼 잘 쓰이지 않는 어휘를 찾을 것이고, 더러 호기심이 많은 아이는 '판궁'처럼 뜻이 없는 어휘를 찾아 그 뜻을 궁금해 할 것입니다.

찾은 어휘를 세어 개수를 표시합니다. 해설지에 표시된 어휘보다 더 많이 찾을 수도 있고 적게 찾을 수도 있습니다. 찾은 개수는 그다지 중요하지 않습니다. 그러나 해설지에 표시된 어휘는 교과서에서 뽑은 기본 어휘입니다. 곧 문제를 풀기 위해 기본적으로 필요한 어휘이므로 많이 찾지 못했을 경우에는 아이에게 조금 더 시간을 주세요. 그리고 아이와 함께 누가 빨리 어휘를 찾아내는지 게임을 하며 아이의 흥미를 높여 주세요.

2. 낱말 뜻 알기

다음 설명이나 그림이 뜻하는 낱말이 무엇인지 빈칸을 채워 보세요.

㉮ 곡식은 떨어지고 보리는 여물지 않아 먹을 것이 없는 때 ·· 보 릿 고 개

㉯ 설날이나 추석처럼 해마다 일정하게 지키어 즐기거나 기념하는 때 ··· 명 절

㉰ 일 년 중 낮이 가장 짧고 밤이 가장 긴 절기 ············· 동 지

㉱ 일반 백성들 사이에 내려오는 풍속 등 문화를 통틀어 이르는 말 · 민 속

㉲	㉳	㉴	㉵
탈 춤	판 소 리	윷 놀 이	아 궁 이

〈1. 가로세로 낱말 찾기〉에서 찾은 어휘 중, 설명과 그림이 가리키는 어휘를 찾아 빈칸에 써 넣습니다.

3. 비슷한 말 반대말 알기

다음에서 비슷한 뜻끼리 짝지어진 것에는 '≒'로, 반대의 뜻끼리 짝지어진 것에는 '↔'로 나타내거나, 부호에 알맞게 낱말을 채워 보세요.

장작	(㉮ ≒)	땔감	
하지	↔	(㉯ 동지)	
아궁이	(㉰ ≒)	불구멍	

민속	(㉱ ↔)	현대	
판소리	(㉲ ↔)	대중가요	
대보름달	↔	초승달	

　비슷한 말끼리 짝을 지은 것에는 '같다'를 뜻하는 '≒' 표시를, 반대말끼리 짝을 지은 것에는 '다르다'를 뜻하는 '↔' 표시를 합니다. 그리고 낱말 부분이 빈칸인 것에는 제시된 어휘와 비슷한, 혹은 반대의 뜻을 지닌 어휘를 써 넣습니다. '장작'과 '땔감'은 비슷한 뜻이니 ㉮에는 '≒'를 넣고, '민속'과 '현대'는 반대의 뜻이니 ㉱에는 '↔'를 넣습니다. 또 '하지'와 반대의 뜻을 가지고 있는 말을 〈1. 가로세로 낱말 찾기〉에서 찾으면 '동지'가 가장 적당하므로, ㉯에는 '동지'를 써 넣습니다.

4. 큰 말 작은 말 알기

낱말의 포함 관계에 따라 '<', 또는 '>'로 나타내고, 그림의 위치에 알맞게 낱말을 넣어 보세요.

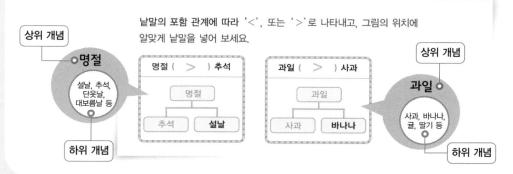

　'추석'이나 '설날'은 해마다 기념하는 날들로 이들을 아울러 '명절'이라고 부릅니다. 곧 명절은 명절의 예들을 모두 포함하는 상위 개념이고, '추석', '설' 등은 명절에 포함되는 하위 개념임을 알 수 있습니다. 포함 관계를 부등호로 나타내며, 더 범위가 큰 쪽에 부등호를 향하게 합니다. 조직도에는 상위 개념이 위의 칸에, 하위 개념이 아래 칸에 들어 갑니다.

　벤다이어그램을 보면 어휘의 포함 관계를 더욱 쉽게 알 수 있습니다. 우선 아이들에게는 쉬운 예를 들어 설명해 주세요. '사과', '바나나', '과일'이라는 어휘가 있다면 사과와 바나나는 과일의 한 종류로 '과일'에 속합니다. 부등호는 '과일' 쪽으로 향하며, 조직도 위의 칸에는 '과일'이, 아래 칸에는 '사과'와 '바나나'가 자리합니다.

5. 짝을 이루는 말(관용어) 찾기

짝을 이루는 말을 찾아 동그라미 하고, 그 말의 뜻을 보기 에서 찾아 번호를 쓰세요.

보기 ① 농사지은 식량으로 보리가 날 때까지 견디기가 매우 힘들다.
     ② 하루 먼저 죽으나 뒤에 죽으나 같다.

관용어를 이루는 어휘의 짝을 찾아 동그라미로 묶습니다. 그리고 그것들이 짝을 이루어 나타내는 뜻을 [보기]에서 찾아 그 뜻에 해당하는 번호를 빈칸에 써 넣습니다. 앞서 학습한 어휘가 들어가는 말을 최대한 이용하였고, 뜻이나 상황에서 관련성을 갖는 어휘도 이용하였습니다.

6. 낱말 활용하기

다음 ㉮~㉺의 ( )에 알맞은 낱말을 보기 에서 찾아 번호를 쓰고, ㉺의 질문에 답해 보세요.

㉮ 정월 대보름날 (⑤)은/는 한여름 더위를 미리 다른 이에게 파는 놀이이다.

㉯ 예전에는 산에서 나무를 해다가 (④)(으)로 사용하였다.

㉰ 춘향가, 심청가 등의 (⑥)은/는 우리에게는 동화로 더 유명하다.

㉱ 우리나라는 밤이 긴 (②)에 팥죽을 쑤어 먹는 풍습이 있다.

㉲ '보릿고개'를 넣어 짧은 글을 지어 보세요.

→ 겨울이 지나고 보릿고개가 코앞에 닥쳤다.

보기 ① 윷놀이 ② 동지 ③ 민속 ④ 땔감 ⑤ 더위팔기 ⑥ 판소리 ⑦ 보릿고개

학습한 어휘가 실제로 어떻게 활용되는지 보여주는 문제입니다. 앞뒤의 문맥을 보고 적합한 어휘를 선정하여 문장을 완성합니다. 그리고 짧은 글짓기를 하거나 그 말이 사용되는 상황을 연상해 보며 언어사고력을 확장시킵니다.

차례
Contents

창의사고력 기초 다지기　　주의집중력　쑥~

도전 시간 **00** 분 **30** 초　　걸린 시간　분　초

아래에 A, B 두 아파트가 있습니다. 정육면체의 개수가 방의 숫자라고 할 때, 방이 더 많은 아파트는 어느 것인가요?

Ⓐ

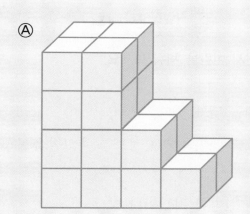

Ⓑ

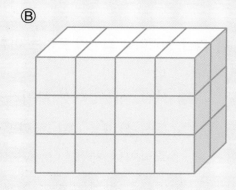

도전시간 10 분 00 초　　걸린시간 　분　초

1 가로세로 어휘 찾기

다음 네모에서 알고 있는 어휘를 찾아 동그라미를 해 보세요.

여기서 찾은 어휘로 2~6번 문제를 풀어요!

관	련	짓	다	데	이	터	베	이	스
사	물	논	습	커	서	통	의	연	찡
건	시	리	관	★	말	신	문	구	그
공	간	적	배	경	버	망	★	실	리
해	적	레	이	더	룻	날	카	롭	다

내가 찾은 어휘 　개

2 어휘 뜻 알기

다음 설명이나 그림이 뜻하는 어휘가 무엇인지 빈칸을 채워 보세요.

문제 개수 8 개

맞은 개수 　개

틀린 개수 　개

㉮ 사람, 사물, 현상 따위가 서로 관계를 맺게 하다. ···· ☐ ☐ 짓 다

㉯ 통신 설비를 갖춘 전화선이나 컴퓨터를 이용하여 정보를 주고받을 수 있는 조직이나 체계 ············· ☐ ☐ ☐

㉰ 연구를 하기 위하여 학교나 기관에 설치한 기관이나 방 ··· ☐ ☐ ☐

㉱ 문학 작품에서 주제를 뒷받침하는 환경이나 장소 ☐ ☐ 배 경

㉲ 사고나 추리 따위가 이치에 맞는 것 ·············· ☐ ☐ 적

㉳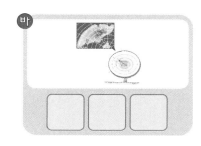
☐ ☐ ☐

㉴
☐ ☐

㉵
☐ ☐ 리 다

3 비슷한 말 반대말 알기

다음에서 비슷한 뜻끼리 짝지어진 것에는 '='로, 반대의 뜻끼리 짝지어진 것에는 '↔'로 나타내거나, 부호에 알맞게 어휘를 채워 보세요.

예리하다	=	날카롭다
논리적	(가)	감상적
사건	(나)	일

버릇	(다)	습관
찡그리다	(라)	찌푸리다
의문	(마)	해답

4 큰 말 작은 말 알기

어휘의 포함관계에 따라 '<' 또는 '>'로 나타내고, 그림의 위치에 알맞게 어휘를 넣어 보세요.

습관 (>) 말버릇

습관
├ 손버릇
└ 말버릇

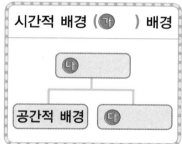

시간적 배경 (가) 배경

나
├ 공간적 배경
└ 다

통신망 (라) 모뎀

마
├ 전화선
└ 바

5 관용어 알기

짝을 이루는 말을 찾아 동그라미를 하고, 그 말의 뜻을 보기 에서 찾아 번호를 쓰세요.

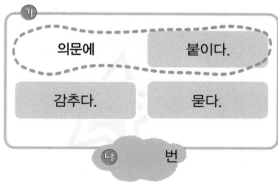

가
의문에 | 붙이다.
감추다. | 묻다.

나 번

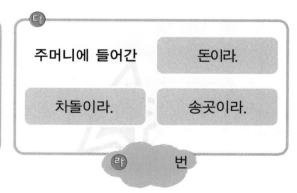

다
주머니에 들어간 | 돈이라.
차돌이라. | 송곳이라.

라 번

보기
① 선하거나 악한 일은 숨겨지지 아니하고 자연히 드러난다.
② 의문을 풀어 해결하다.
③ 해결되지 않은 문제를 의문점이 있는 상태로 두다.

6 어휘 활용하기

다음 ㉮~㉳의 ( )에 알맞은 어휘를 보기 에서 찾아 번호를 쓰고, ㉳의 질문에 답해 보세요.

문제 개수 **5** 개

맞은 개수 〔 〕 개

틀린 개수 〔 〕 개

㉮ 관제탑에서는 (⑥)를 통해 우리나라에 접근 중인 비행체를 감시하고 있었다.

㉯ 춘향전의 ( ) 배경은 조선시대이고, ( ) 배경은 전라도 남원이다.

㉰ 손버릇이나 말버릇 같은 평소 ( )을 통해 사람의 됨됨이를 알 수 있다.

㉱ 계모와 신발을 잃는 이야기 등을 통해 콩쥐팥쥐와 신데렐라를 ( ) 볼 수 있다.

㉲ ( )을 수리하느라 하루 동안 인터넷이 되지 않았다.

㉳ '의문에 붙이다.'라는 말이 생각나는 상황을 써 보세요.

→ _____

보기
① 통신망　② 연구실　③ 공간적　④ 시간적　⑤ 논리적
⑥ 레이더　⑦ 관련지어　⑧ 사건　⑨ 습관　⑩ 의문

총 문제 개수 〔 27 〕개　총 맞은 개수 〔 〕개　총 틀린 개수 〔 〕개

마음에 힘이 되는 시

마음 건강

　운동하면 우린 으레 몸으로 하는 운동을 생각하지만 요즘에는 마음이 아픈 사람도 많아요. 그럼 마음이 건강하다는 건 무얼 말할까요?

　첫째, 호기심과 의욕이 많아서 생기가 넘치는 걸 말해요.

　둘째, 생각이 유연한 걸 말해요.

　셋째, 긍정적으로 생각하는 거예요.

　넷째, 감정 조절을 잘하는 거예요.

　마지막으로, 다른 사람들과 더불어 잘 지내려는 마음이에요.

(우종민의 '마음력'에서)

머리 풀어주는 퍼즐

도전 시간	걸린 시간
00 분 30 초	분 초

창의사고력 기초 다지기 연상추리력 쓱~

다음의 글자와 숫자 사이에는 관련이 있어요. 그렇다면 빈칸에 들어갈
알맞은 숫자는 무엇일까요?

ㄱ	1
ㄷ	3
ㅂ	6
ㅈ	9
ㅍ	

낱말이 쏙 생각이 쑥

1 가로세로 어휘 찾기

다음 네모에서 알고 있는 어휘를 찾아 동그라미를 해 보세요.

여기서 찾은 어휘로 2~6번 문제를 풀어요!

피	냉	각	화	지	질	학	자	분	퇴
스	부	변	성	암	석	강	★	포	적
톤	피	집	암	★	지	진	원	★	암
지	표	기	포	단	층	앙	★	진	도
페	트	병	습	곡	★	탄	산	음	료

내가 찾은 어휘 ⬯ 개

2 어휘 뜻 알기

다음 설명이나 그림이 뜻하는 어휘가 무엇인지 빈칸을 채워 보세요.

문제 개수 8 개

맞은 개수 ⬯ 개

틀린 개수 ⬯ 개

㉮ 식어서 차게 됨. 또는 그렇게 함. ⬚⬚

㉯ 일정한 범위에 흩어져 퍼짐. ⬚⬚

㉰ 지진의 원인인 암석 파괴가 시작된 곳 ⬚⬚

㉱ 지진의 진원(震源) 바로 위에 있는 지점 ⬚⬚

㉲ 지층이 물결 모양으로 주름이 지는 현상 ⬚⬚

㉳  ⬚⬚⬚

㉴ 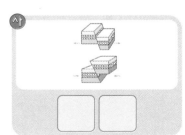 ⬚⬚

㉵  ⬚⬚암

3 비슷한 말 반대말 알기

다음에서 비슷한 뜻끼리 짝지어진 것에는 '='로, 반대의 뜻끼리 짝지어진 것에는 '↔'로 나타내거나, 부호에 알맞게 어휘를 채워 보세요.

문제 개수 **6** 개

맞은 개수 ⬚ 개

틀린 개수 ⬚ 개

바위	=	(가)
용적	(나)	부피
땅주름	(다)	습곡

지표	(라)	땅 표면
지진	(마)	지동
기포	(바)	공기 방울

4 큰 말 작은 말 알기

어휘의 포함관계에 따라 '<' 또는 '>'로 나타내고, 그림의 위치에 알맞게 어휘를 넣어 보세요.

문제 개수 **9** 개

맞은 개수 ⬚ 개

틀린 개수 ⬚ 개

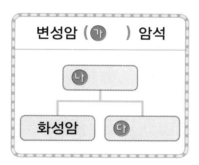

변성암 (가   ) 암석

나

화성암 | 다

지각변동 (라   ) 습곡

마

단층 | 바

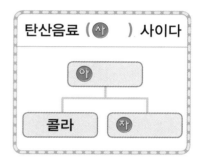

탄산음료 (사   ) 사이다

아

콜라 | 자

5 관용어 알기

짝을 이루는 말을 찾아 동그라미를 하고, 그 말의 뜻을 보기 에서 찾아 번호를 쓰세요.

문제 개수 **4** 개

맞은 개수 ⬚ 개

틀린 개수 ⬚ 개

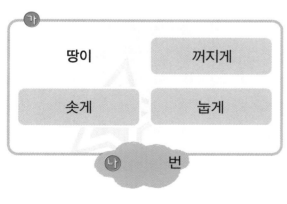

가

땅이   꺼지게

솟게   눕게

나   번

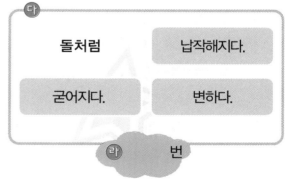

다

돌처럼   납작해지다.

굳어지다.   변하다.

라   번

보기

① 한숨을 몹시 깊고도 크게 쉬다.

② 몹시 긴장하여서 뻣뻣하여지다.

③ 매우 힘이 들어 다른 것을 할 수 없다.

다음 ㉮~㉶의 ( )에 알맞은 어휘를 보기에서 찾아 번호를 쓰고, ㉷의 질문에 답해 보세요.

문제 개수 **6** 개

맞은
개수   개

틀린
개수   개

㉮ 같은 무게일 때 솜은 철보다 (   )가 크다.

㉯ 우리나라 동포들은 세계 곳곳에 (   )되어 살면서 우리 문화를 세계에 알리고 있다.

㉰ 콜라 같은 (   )는 맛은 있지만 건강에는 별 도움이 되지 않는다.

㉱ 지층이 휜 것처럼 보이는 (   )을 통해 그 지층의 움직임을 추측할 수 있다.

㉲ 이번 지진에서도 (   )에서 가까운 지역일수록 피해가 컸다고 한다.

㉳ '돌처럼 굳어지다.'를 넣어 짧은 글을 지어 보세요.

→ _____

보기
① 냉각   ② 분포   ③ 진원   ④ 탄산음료   ⑤ 습곡
⑥ 페트병   ⑦ 단층   ⑧ 퇴적암   ⑨ 기포   ⑩ 부피

총 문제 개수 (33) 개   총 맞은 개수 (   ) 개   총 틀린 개수 (   ) 개

상식 쑥쑥 키우는

지붕에 따라 집 이름이 붙어요

우리나라 옛집의 지붕은 사용한 재료가 가지가지입니다.
짚으로 이엉을 엮은 초가지붕은 농촌과 서울의 보통 집이었어요.
산간 지방에서는 나무를 널처럼 쪼개 지붕을 이은 너와집이 있고요,
참나무 껍질 등을 벗겨 지붕을 엮은 굴피집도 있었어요.
흙을 구워 모양을 낸 기와를 얹어 지붕을 만든 것이 기와지붕이에요.
우리나라 기와의 역사는 2000여 년 전으로 거슬러 올라가는데, 삼국시대에 최고 수준에 이르러요. 그 뒤 절이나 궁궐, 가옥에 널리 쓰였어요. 지금도 기와집은 흔히 볼 수 있지요.

창의사고력 기초 다지기 판단능력 쑥~

정육면체를 칼로 3번만 잘라서 정육면체 8개를 만들려면 어떻게 잘라야 할까요?

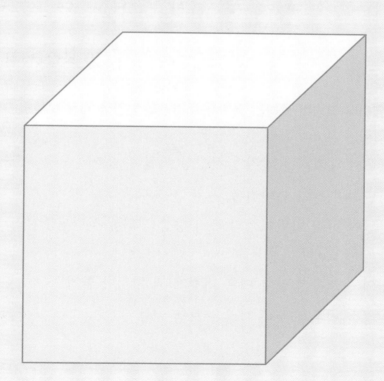

날말이 쏙 생각이 쑥

1 가로세로 어휘 찾기

다음 네모에서 알고 있는 어휘를 찾아 동그라미를 해 보세요.

여기서 찾은 어휘로 2~6 번 문제를 풀어요!

마	지	못	해	국	빈	곤	궁	창	설
유	니	세	프	제	약	헌	신	위	의
★	적	파	견	기	근	혈	념	기	료
속	십	인	종	구	호	활	동	역	봉
셈	자	★	정	치	적	대	적	경	사

내가 찾은 어휘 ____ 개

2 어휘 뜻 알기

다음 설명이나 그림이 뜻하는 어휘가 무엇인지 빈칸을 채워 보세요.

문제 개수 8 개

맞은 개수 ____ 개

틀린 개수 ____ 개

㉮ 마음이 내키지는 않지만 사정상 어쩔 수 없이 ⟶ ☐ ☐ ☐ ☐

㉯ 가난하여 살기가 어려움. ⟶ 빈 ☐

㉰ 가난한 나라 어린이들의 복지 향상을 위해 설립된 UN의 특별 기구

⟶ ☐ ☐ ☐ ☐

㉱ 일이 순조롭지 않아 매우 어렵게 된 처지나 환경 ⟶ ☐ ☐

㉲ 일정한 임무를 주어 사람을 보냄. ⟶ ☐ ☐

㉳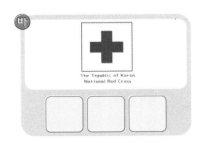
☐ ☐ ☐

㉴
☐ ☐

㉵
☐ ☐

3 비슷한 말 반대말 알기

다음에서 비슷한 뜻끼리 짝지어진 것에는 '='로, 반대의 뜻끼리 짝지어진 것에는 '↔'로 나타내거나, 부호에 알맞게 어휘를 채워 보세요.

빈곤	=	(㉮)
창설	(㉯)	창립
파견	(㉰)	복귀

. 속셈	(㉣)	심산
적대적	(㉤)	우호적
마지못해	(㉥)	흔쾌히

4 큰 말 작은 말 알기

어휘의 포함관계에 따라 '<' 또는 '>'로 나타내고, 그림의 위치에 알맞게 어휘를 넣어 보세요.

의료봉사 (㉮   ) 구호 활동

㉯

식량 지원 | ㉰

유니세프 (㉣   ) 구호단체

㉤

적십자 | ㉥

황인 (㉦   ) 인종

㉧

백인 | ㉨

5 관용어 알기

짝을 이루는 말을 찾아 동그라미를 하고, 그 말의 뜻을 보기에서 찾아 번호를 쓰세요.

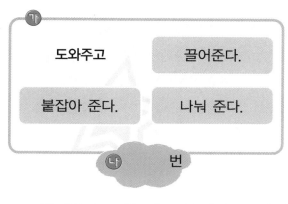

㉮

도와주고   끌어준다.

붙잡아 준다.   나눠 준다.

㉯   번

㉰

억지   춘향

암행어사   심청

㉱   번

보기

① 힘이 부족한 사람을 도와주고 인도하다.

② 서로 아름다움을 다투며 뽐내다.

③ 억지로 어떤 일을 이루게 하거나 어떤 일이 억지로 겨우 이루어지다.

다음 ㉮~㉺의 ( )에 알맞은 어휘를 [보기]에서 찾아 번호를 쓰고, ㉻의 질문에 답해 보세요.

문제 개수 **6** 개

맞은 개수 ◯ 개

틀린 개수 ◯ 개

㉮ 전쟁이 끝나고 (   )한 삶을 살았지만 이제 우리는 경제 대국이 되었다.

㉯ 피를 나누는 (   )을 통해 우리는 많은 생명을 구할 수 있고 사회에 봉사할 수 있다.

㉰ 늘 괴롭히기만 하던 기영이가 갑자기 잘해 주는 것을 보니 무슨 (   )이 있는 것 같다.

㉱ 모두들 못하겠다고 뒤로 물러나자 명수가 (   ) 그 일을 맡기로 했다.

㉲ (   )을 극복한 사람만이 삶의 기쁨을 맛볼 수 있다.

㉳ '억지 춘향'이라는 말이 생각나는 상황을 써 보세요.

→ _____

[보기]
① 마지못해 ② 빈곤 ③ 유니세프 ④ 역경 ⑤ 헌혈
⑥ 인종 ⑦ 창설 ⑧ 속셈 ⑨ 적대적 ⑩ 구호단체

총 문제 개수 **33** 개 │ 총 맞은 개수 ◯ 개 │ 총 틀린 개수 ◯ 개

글을 읽고 나서 오늘 공부를 신나게 시작하자고!

좋은 습관 다지는

열량이 높은음식, 낮은 음식

같은 음식을 먹어도 조리법에 따라 열량 차이가 많이 난답니다. 열량이 많을수록 살이 많이 쪄요. 예를 들어 볼게요. 똑같이 닭고기 250그램을 먹는다고 가정해 보세요.

♠ 닭백숙은 290칼로리
♠ 닭볶음탕으로 먹으면 450칼로리
♠ 닭튀김도 집에서 한 것은 595칼로리, 패스트푸드를 집에서 주문해 먹으면 779칼로리

입맛은 길들이기 마련이에요. 튀기지 않은 음식을 먹는 습관을 들여 보세요.

머리 풀어주는 퍼즐

도전 시간	걸린 시간
01 분 30 초	분 초

창의사고력 기초 다지기 정보처리능력 쑥~

4장의 숫자 카드로 만들 수 있는 4자리의 수는 모두 몇 개일까요?

개

날말이 쏙 생각이 쑥

1 가로세로 어휘 찾기

다음 네모에서 알고 있는 어휘를 찾아 동그라미를 해 보세요.

여기서 찾은 어휘로 2~6 번 문제를 풀어요!

착	지	표	적	물	서	브	턱	걸	이
도	공	격	수	★	사	육	장	실	격
움	중	후	비	철	결	상	거	력	출
닫	동	프	수	봉	단	거	리	★	발
기	작	질	주	★	력	★	결	승	선

내가 찾은 어휘 ⬤ 개

2 어휘 뜻 알기

다음 설명이나 그림이 뜻하는 어휘가 무엇인지 빈칸을 채워 보세요.

문제 개수 8 개

맞은 개수 ⬤ 개

틀린 개수 ⬤ 개

㉮ 구기 종목에서, 공격하는 쪽이 상대편 코트에 공을 쳐 넣는 일 ···

㉯ 뛰거나 던지는 힘을 높이기 위해 구름판까지 일정한 거리를 달리는 일

㉰ 공중으로 뛰어올라 있는 동안 하는 동작 ············

㉱ 기준 미달이나 기준 초과, 규칙 위반 따위로 자격을 잃음. ······

㉲ 결정적인 판단을 하거나 단정을 내릴 수 있는 능력 ·······

㉳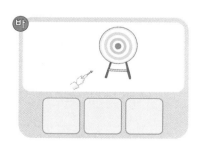

㉴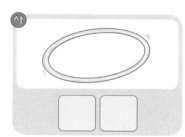

㉵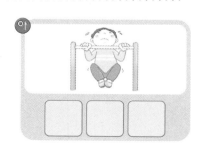

3 비슷한 말 반대말 알기

다음에서 비슷한 뜻끼리 짝지어진 것에는 '='로, 반대의 뜻끼리 짝지어진 것에는 '↔'로 나타내거나, 부호에 알맞게 어휘를 채워 보세요.

아웃	=	(가 　　)
수비수	(나 　)	공격수
출발선	(다 　)	결승선

서브	(라 　)	리시브
착지	(마 　)	내려섬
도움닫기	(바 　)	조주

4 큰 말 작은 말 알기

어휘의 포함관계에 따라 '<' 또는 '>'로 나타내고, 그림의 위치에 알맞게 어휘를 넣어 보세요.

체조 (가 　) 철봉

나

후프 | 다

공격수 (라 　) 선수

마

수비수 | 바

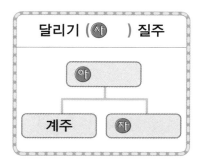

달리기 (사 　) 질주

아

계주 | 자

5 관용어 알기

짝을 이루는 말을 찾아 동그라미를 하고, 그 말의 뜻을 보기 에서 찾아 번호를 쓰세요.

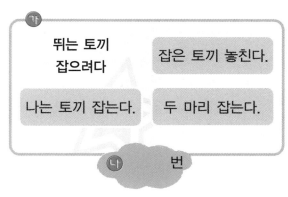

가

뛰는 토끼 잡으려다　　잡은 토끼 놓친다.

나는 토끼 잡는다.　　두 마리 잡는다.

나 　 번

다

사생(死生)　　판단(判斷)

결단(決斷)　　금단(禁斷)

라 　 번

보기

① 어려움에 처해 죽기 살기로 덤비다.

② 죽고 삶을 돌보지 않고 끝장을 내려고 하다.

③ 일을 자꾸 벌여만 놓다가 이미 이루어 놓은 것도 못쓰게 되다.

다음 ㉮~㉰의 ( )에 알맞은 어휘를 보기 에서 찾아 번호를 쓰고, ㉱의 질문에 답해 보세요.

문제 개수 **6** 개

맞은 개수 ◯ 개

틀린 개수 ◯ 개

㉮ 육상 경기 중에서 마라톤은 가장 먼 거리를 달리는 (   ) 경기이다.

㉯ 상대편 선수의 (   )를 우리 선수들이 멋지게 받아 내었다.

㉰ 운동경기에서 금지된 약물을 복용한 선수는 (   ) 처리되었다.

㉱ 망설이지 말고 시작해. 지금이 너의 (   )을 보여 줄 때야.

㉲ 트랙 위의 모든 선수들이 (   )에서 신호가 떨어지기를 기다리고 있다.

㉳ '사생결단(死生決斷)'을 넣어 짧은 글짓기를 해 보세요.

→ _____

보기
① 서브   ② 도움닫기   ③ 실격   ④ 결단력   ⑤ 턱걸이
⑥ 공격수   ⑦ 출발선   ⑧ 질주   ⑨ 장거리   ⑩ 착지

총 문제 개수 (33) 개 ┊ 총 맞은 개수 ◯ 개 ┊ 총 틀린 개수 ◯ 개

상식 쑥쑥 키우는 72 푸닥거리라도 한판

글을 읽고 나서 오늘 공부를 신나게 시작하자고!

"여보, 푸닥거리라도 한판해야지 안 되겠어요. 옆집 여자가 또 우리 대문 앞에 쓰레기를 내놔서 한바탕 싸웠잖아요."

"엄마, 그런데 푸닥거리가 뭐예요?"

"푸닥거리? 그러고 보니 자주 쓰는 말인데 정확히 무슨 뜻인지는 모르겠네."

"엄마, 제가 찾아볼게요. 푸닥거리……. 여기 있어요. '무당이나 아낙들이 가벼운 병을 쫓기 위해 벌이던 의식이다. 지방마다 하는 방식은 조금씩 다르다. 서울 지방에서는 닭이 환자의 액운을 갖고 나간다고 믿어서 푸드덕거리는 닭을 잡아 두 발과 날갯죽지를 묶고, 날갯죽지 안에 환자의 생년월일과 이름을 쓴 종이를 넣어 멀리 집 밖으로 내쫓거나 땅에 묻었다.'"

"아, 닭이 푸드덕거린다고 푸닥거리라고 했나 보다. 재밌구나."

머리 풀어주는 퍼즐

도전 시간	걸린 시간
00 분 30 초	분 초

2그램, 5그램, 7그램의 추를 가장 적게 사용하여 저울이 평행하도록 하려면 추를 각각 몇 개씩 사용해야 할까요?

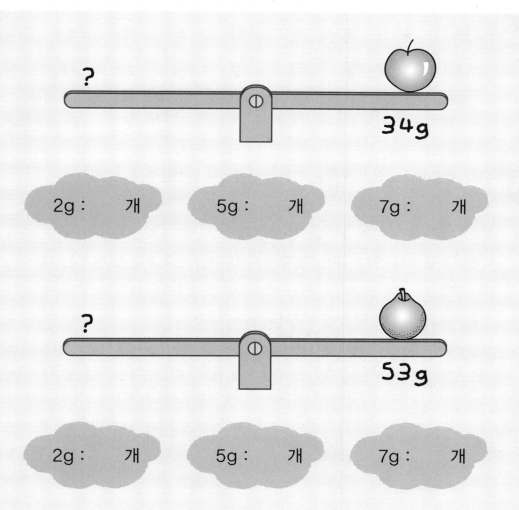

? ... 34g

2g : 개   5g : 개   7g : 개

? ... 53g

2g : 개   5g : 개   7g : 개

도전시간
13 분 00 초

걸린시간
분 초

1 가로세로 어휘 찾기

다음 네모에서 알고 있는 어휘를 찾아 동그라미를 해 보세요.

여기서 찾은 어휘로 2~6번 문제를 풀어요!

진	로	탐	대	야	★	생	활	자	원
직	업	색	★	포	장	재	질	소	각
분	종	사	상	매	립	활	종	량	제
화	★	면	담	적	★	용	★	흥	미
내	용	물	구	성	원	자	아	실	현

내가 찾은 어휘 ⬭ 개

2 어휘 뜻 알기

다음 설명이나 그림이 뜻하는 어휘가 무엇인지 빈칸을 채워 보세요.

문제 개수 8 개

맞은 개수 ⬭ 개

틀린 개수 ⬭ 개

가 앞으로 나아갈 길 ·················· ☐ ☐

나 물품의 무게나 길이, 용량에 따라 세금이나 요금을 매기는 제도
············· ☐ ☐

다 자기가 원하는 것을 이루는 것 ········ ☐ ☐ 실 현

라 어떤 것을 일삼아서 함. ············· ☐ ☐

마 어떤 일에 알맞은 소질이나 성격 ······· ☐ ☐

바
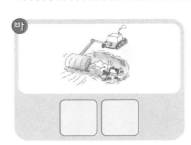
☐ ☐

사

☐ ☐ 자 원

아
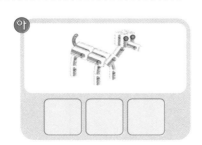
☐ ☐ ☐

다음에서 비슷한 뜻끼리 짝지어진 것에는 '＝'로, 반대의 뜻끼리 짝지어진 것에는 '↔'로 나타내거나, 부호에 알맞게 어휘를 채워 보세요.

면담	＝	(가)
흥미	(나)	관심
진로	(다)	퇴로

탐색	(라)	탐구
직업	(마)	생업
매립	(바)	굴착

어휘의 포함관계에 따라 '＜' 또는 '＞'로 나타내고, 그림의 위치에 알맞게 어휘를 넣어 보세요.

기술직 (가   ) 업종

나

사무직 ── 다

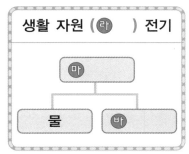

생활 자원 (라   ) 전기

마

물 ── 바

쓰레기 처리 (사   ) 소각

아

매립 ── 자

짝을 이루는 말을 찾아 동그라미를 하고, 그 말의 뜻을 보기 에서 찾아 번호를 쓰세요.

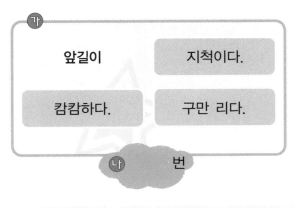

가

앞길이   지척이다.

캄캄하다.   구만 리다.

나   번

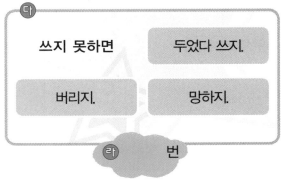

다

쓰지 못하면   두었다 쓰지.

버리지.   망하지.

라   번

보기

① 아직 나이가 젊어서 앞으로 어떤 큰일이라도 해낼 수 있는 세월이 충분히 있다.

② 당장 쓰지 못한다 해도 잘 간수하면 쓸 데가 있다.

③ 남은 것이 없어서 쓰지 못하다.

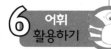
다음 ㉮~㉰의 ( )에 알맞은 어휘를 보기 에서 찾아 번호를 쓰고, ㉱의 질문에 답해 보세요.

㉮ 요즘은 쓰레기의 양에 따라 돈을 내는 쓰레기 ( )를 하고 있다.

㉯ 대학을 졸업하는 사촌 오빠는 취직을 할지 대학원에 갈지 ( )를 고민 중이다.

㉰ 엄마는 날더러 학자가 되라고 하지만 나는 몸을 움직이는 일이 ( )에 더 맞는다.

㉱ 다 쓴 공책을 ( )하여 연습장을 만들었다.

㉲ 직업은 생계를 유지하는 것뿐 아니라 ( )을 하는 방법이기도 하다.

㉳ '앞길이 구만 리다.'라는 말이 생각나는 상황을 써 보세요.

➡ _____

보기
① 진로 ② 종량제 ③ 자아실현 ④ 종사 ⑤ 적성
⑥ 매립 ⑦ 재활용 ⑧ 상담 ⑨ 흥미 ⑩ 탐색

총 문제 개수 (33) 개 총 맞은 개수 ( ) 개 총 틀린 개수 ( ) 개

생각하고 되새기는 ㅅㅇ

통과의례

글을 읽고 나서 오늘 공부를 신나게 시작하자고!

통과의례는 관혼상제와 같은 의미를 담고 있어요. 사람은 나서 죽을 때까지 정해진 의례를 차례로 지내며 나이를 먹어요. 예를 들면 성인이 되어 성인식을 하는 것도 통과의례예요.

바쁜 현대인들에게는 이런 의례가 번거롭고 거추장스러울 수도 있어요. 하지만 이렇게 의례를 지내는 과정은 한 사람한테 아주 중요한 의미를 지녀요. 내가 지금 인생의 어디를 지나고 있는지 깨닫게 하고, 또 그것을 다른 사람들에게 알리기 때문이죠. 그러면서 사람은 나이 값을 하고 철이 들어 가는 것입니다.

그저 나이만 먹는다고 어른이 되는 건 아니랍니다. 나이에 맞게 생각하고, 행동하고, 남을 배려할 줄 아는 게 바로 어른이랍니다.

06_회

머리 풀어주는 퍼즐

공부를 시작할 때도
준비운동이 필요하다고!
하나둘 하나둘

도전 시간	걸린 시간
00 분 15 초	분 초

창의사고력 기초 다지기 주의집중력 쏙~

사다리 타기를 해서 포도를 먹을 수 있는 동물은 어떤 동물일까요?

낱말이 **쏙** 생각이 **쑥**

1 가로세로 어휘 찾기

다음 네모에서 알고 있는 어휘를 찾아 동그라미를 해 보세요.

여기서 찾은 어휘로 2~6번 문제를 풀어요!

왕	위	세	습	우	산	국	별	동	대
전	시	중	앙	집	권	체	제	수	★
성	지	방	관	등	제	연	호	렵	토
기	★	내	란	호	왕	무	용	도	착
율	령	반	포	국	호	★	이	주	민

내가 찾은 어휘   개

2 어휘 뜻 알기

다음 설명이나 그림이 뜻하는 어휘가 무엇인지 빈칸을 채워 보세요.

문제 개수 8 개

맞은 개수   개

틀린 개수   개

㉮ 왕의 자리를 물려주거나 물려받는 것 ············· [ ][ ][세][습]

㉯ 국가의 통치 권력이 지방에 분산되어 있지 않고 중앙정부에 집중되어 있는 통치 체제 ················· [ ][ ][ ][ ][체][제]

㉰ 관리나 벼슬에 등급을 매겨 높낮이를 두는 제도 ·········· [ ][ ][ ]

㉱ 해의 차례를 나타내기 위하여 연도에 붙이는 이름 ············ [ ][ ]

㉲ 법률을 세상에 널리 퍼뜨려 모두 알게 함. ·········· [ ][반][포]

㉳  [ ][ ][도]

㉴  [고][구][려][ ]

㉵  [ ][ ][도]

34

3 비슷한 말 반대말 알기

문제 개수 6 개

맞은 개수 ☁ 개

틀린 개수 ☁ 개

다음에서 비슷한 뜻끼리 짝지어진 것에는 '＝'로, 반대의 뜻끼리 짝지어진 것에는 '↔'로 나타내거나, 부호에 알맞게 어휘를 채워 보세요.

울릉도	＝	(가)
국호	(나)	나라 이름
중앙집권	(다)	지방분권

토착민	(라)	이주민
내란	(마)	자국지란
율령	(바)	법률

4 큰 말 작은 말 알기

문제 개수 9 개

맞은 개수 ☁ 개

틀린 개수 ☁ 개

어휘의 포함관계에 따라 '＜' 또는 '＞'로 나타내고, 그림의 위치에 알맞게 어휘를 넣어 보세요.

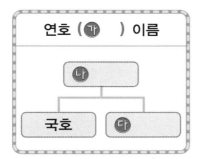

연호 (가) 이름

나
국호 · 다

백성 (라) 이주민

마
토착민 · 바

무용도 (사) 고분벽화

아
수렵도 · 자

5 관용어 알기

문제 개수 4 개

맞은 개수 ☁ 개

틀린 개수 ☁ 개

짝을 이루는 말을 찾아 동그라미를 하고, 그 말의 뜻을 보기 에서 찾아 번호를 쓰세요.

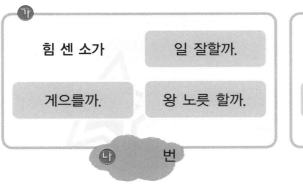

가

힘 센 소가 / 일 잘할까.
게으를까. / 왕 노릇 할까.

나 ☁ 번

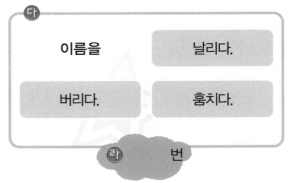

다

이름을 / 날리다.
버리다. / 훔치다.

라 ☁ 번

보기

① 일을 하는 데는 힘뿐만 아니라 지략도 있어야 한다.
② 사람마다 보는 기준은 다르다.
③ 사람들로부터 명성을 얻다.

다음 ㉮~㉲의 ( )에 알맞은 어휘를 보기 에서 찾아 번호를 쓰고, ㉳의 질문에 답해 보세요.

문제 개수 ⑥ 개

맞은
개수 ⬭ 개

틀린
개수 ⬭ 개

㉮ 신라는 무열왕 이후 무열왕계의 자손만이 (   )을 할 수 있었다.

㉯ (   )는 일반 백성뿐 아니라 왕과 귀족도 법을 지켜야 함을 의미했다.

㉰ 발해가 멸망하자 많은 (   )들이 국경을 넘어 고려로 들어왔다.

㉱ 고구려의 (   )는 광개토대왕과 장수왕 때였다.

㉲ 제주도의 옛 이름은 탐라국이고 울릉도의 옛 이름은 (   )이다.

㉳ '이름을 날리다.'를 넣어 짧은 글을 지어 보세요.

→ _____

보기
① 왕위 세습   ② 중앙집권 체제   ③ 관등제   ④ 연호   ⑤ 율령 반포
⑥ 전성기   ⑦ 우산국   ⑧ 이주민   ⑨ 국호   ⑩ 지방관

총 문제 개수 (33)개 | 총 맞은 개수 ( )개 | 총 틀린 개수 ( )개

글을 읽고 나서 오늘 공부를 신나게 시작하자고!

상식 쑥쑥 키우는 7교

나라
살림

　엄마가 집안 살림을 하기 위해 돈을 쓰고 관리하듯이 나라도 살림을 하기 위해 돈을 쓰고 관리하지요. 나라 살림은 너무 방대해서 한 사람이 쓰고 관리할 수는 없습니다.

　나라 살림을 하는 곳은 기획재정부예요. 나라 살림은 국민의 세금으로 운영되기 때문에 제대로 써야 해요. 그래서 쓸 곳과 쓸 액수를 미리 정해요. 이것을 예산이라고 하는데 예산을 미리 점검하는 일을 하는 곳이 바로 국회입니다. 그리고 잘 썼는지 따져보고 다음 예산을 정하는 일도 국회에서 합니다.

　집안 살림을 어떻게 하느냐에 따라 여유롭기도 하고 쪼들리기도 하지요. 또 돈을 잘못 사용하면 집안이 망하기도 합니다. 나라도 마찬가지예요. 살림을 어떻게 하는지에 따라 나라의 흥망이 달라지기도 한답니다.

머리 풀어주는 퍼즐

도전 시간	걸린 시간
00 분 15 초	분 초

창의사고력 기초 다지기   연상추리력 쏙~

아래 도형들의 규칙을 잘 생각하면서 마지막 칸의 그림을 완성하세요.

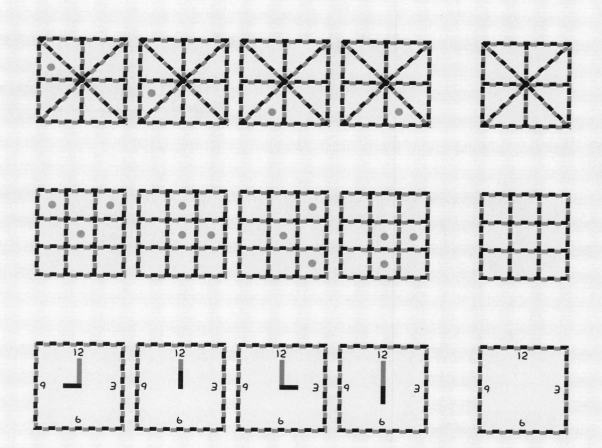

날말이 쏙 생각이 쑥

도전시간 | 걸린시간
10 분 | 00 초 | 분 | 초

1 가로세로 어휘 찾기

다음 네모에서 알고 있는 어휘를 찾아 동그라미를 해 보세요.

여기서 찾은 어휘로 2~6번 문제를 풀어요!

잡	음	볼	매	만	지	며	보	조	개
다	성	멘	절	구	통	우	직	한	새
한	대	소	사	얄	장	작	다	몫	벽
쇳	소	리	★	밉	이	삿	짐	★	녘
★	뒤	척	이	다	충	혈	굴	렁	쇠

내가 찾은 어휘 ⬜ 개

2 어휘 뜻 알기

다음 설명이나 그림이 뜻하는 어휘가 무엇인지 빈칸을 채워 보세요.

문제 개수 8 개

맞은 개수 ⬜ 개

틀린 개수 ⬜ 개

㉮ 가다듬어 손질하며. 또는 부드럽게 어루만지며 ······ ⬜⬜⬜ 며

㉯ 서운하거나 성이 나서 통명스럽게 하는 말투 ········ ⬜⬜ 소 리

㉰ 큰일과 작은 일을 아울러 이르는 말 ············· ⬜⬜⬜

㉱ 어리석고 고지식한 ······················ ⬜⬜⬜

㉲ 쇠붙이가 부딪쳐서 나는 소리. 또는 야무지고 날카로운 목소리
·································· ⬜⬜⬜

㉳
⬜⬜⬜

㉴
⬜⬜ 통

㉵
⬜⬜⬜

38

3 비슷한 말 반대말 알기

다음에서 비슷한 뜻끼리 짝지어진 것에는 '='로, 반대의 뜻끼리 짝지어진 것에는 '↔'로 나타내거나, 부호에 알맞게 어휘를 채워 보세요.

볼우물	=	(가)
얄밉다	(나)	예쁘다
다짐	(다)	맹세

대소사	(라)	거세사
잡다한	(마)	굵직한
우직한	(바)	고지식한

4 큰 말 작은 말 알기

어휘의 포함관계에 따라 '<' 또는 '>'로 나타내고, 그림의 위치에 알맞게 어휘를 넣어 보세요.

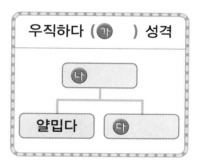

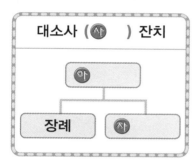

5 관용어 알기

짝을 이루는 말을 찾아 동그라미를 하고, 그 말의 뜻을 보기 에서 찾아 번호를 쓰세요.

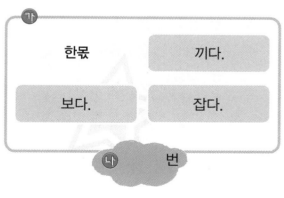

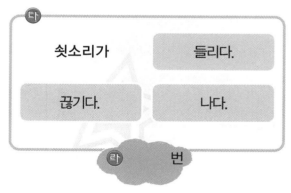

보기

① 아주 효력이 나거나 딱 들어맞다.

② 마땅한 자격을 가지고 함께 참가하다.

③ 자신의 이익에 가려 남을 보지 못하다.

6 어휘 활용하기

다음 ㉮~㉲의 ( )에 알맞은 어휘를 보기 에서 찾아 번호를 쓰고, ㉳의 질문에 답해 보세요.

문제 개수 6 개

맞은 개수 ( ) 개

틀린 개수 ( ) 개

㉮ 내 가장 큰 매력은 웃을 때 살짝 들어가는 ( )야.

㉯ 엄마에게 꾸중을 들은 동생이 하루 종일 ( )를 냈다.

㉰ 집안 ( )에 맏며느리인 엄마는 고생이 많다.

㉱ 시험을 망친 다음부터는 공부를 미리미리 하자고 혼자 ( )을 했다.

㉲ 내 잘못을 누나에게 일러바치는 동생이 참 ( ).

㉳ '한몫 끼다.'라는 말이 생각나는 상황을 써 보세요.

→ _____

보기
① 매만지며 ② 볼멘소리 ③ 대소사 ④ 우직한 ⑤ 쇳소리
⑥ 보조개 ⑦ 얄밉다 ⑧ 다짐 ⑨ 충혈 ⑩ 뒤척이다

총 문제 개수 33 개 총 맞은 개수 ( ) 개 총 틀린 개수 ( ) 개

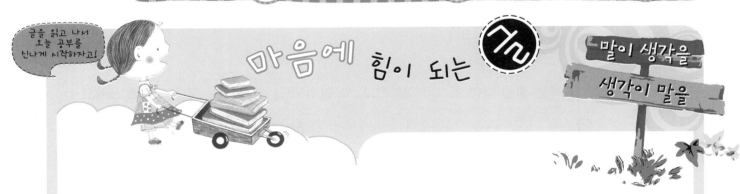

마음에 힘이 되는 72 말이 생각을 생각이 말을

글을 읽고 나서 오늘 공부를 신나게 시작하자고!

말에 혼이 있다는 사실 아세요? 예쁘다, 곱다 소리를 듣고 자란 아이는 정말 사랑받을 행동을 한대요. 이야기 속의 마법사가 그냥 마법을 걸지 않고 꼭 주문을 외운 후에 마법을 거는 것도 이런 이유일지 몰라요. 주변 친구들 말투를 유심히 살펴보세요. 늘 긍정적으로 생각하는 친구는 말도 그렇게 해요. 친구들에게도 힘이 되는 말을 잘 해 주지요. 반대로 부정적인 생각을 많이 하는 친구는 늘 투덜거리고 다녀요.

힘이 되는 말을 들으면 기분이 상쾌하고 기운도 나요. 그래서 자신도 좋은 말을 많이 하게 되죠. 하지만 투덜거리는 말을 듣다 보면, 어느새 나도 같이 투덜대기 마련이죠. 생각이 말을 지배하고 말이 다시 생각을 만들어 내니까요. 친구에게 항상 좋은 말을 해 주세요. 그러면 나에게도 좋은 변화가 생긴답니다.

도전 시간	걸린 시간
00 분 15 초	분 초

창의사고력 기초 다지기 판단능력 쑥~

출발점에서 도착점까지 모든 칸을 통과하면서, 손을 떼지 않고 한 번에 줄을 그어 보세요.

보기

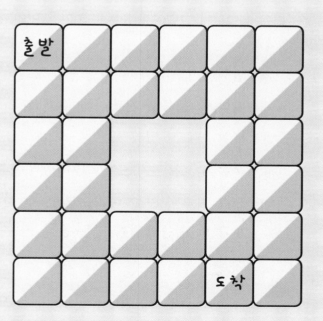

날말이 쏙 생각이 쑥

1 가로세로 어휘 찾기

다음 네모에서 알고 있는 어휘를 찾아 동그라미를 해 보세요.

여기서 찾은 어휘로 2 ~ 6 번 문제를 풀어요!

연	골	격	혈	액	적	★	혈	심	장
혈	세	★	압	백	혈	구	관	★	기
소	포	갈	혈	마	구	모	세	혈	관
판	★	비	장	디	정	등	골	뼈	절
머	리	뼈	박	동	맥	척	추	동	물

내가 찾은 어휘 　 개

2 어휘 뜻 알기

다음 설명이나 그림이 뜻하는 어휘가 무엇인지 빈칸을 채워 보세요.

문제 개수 8 개

맞은 개수 　 개

틀린 개수 　 개

㉮ 혈액에서 백혈구나 적혈구 등의 혈구를 제외한 액상 성분 ······ ☐ ☐

㉯ 뼈와 함께 몸을 지탱하는 무른 뼈 ·················· ☐ ☐

㉰ 뼈를 이루고 있는 세포 ······················ ☐ ☐

㉱ 온몸에 그물 모양으로 퍼져 있는 매우 가는 혈관 ····· ☐ ☐ 혈 관

㉲ 몸의 좌우가 같고 머리·몸통·사지와 꼬리로 구분되며, 몸의 등 쪽에 세로로 늘어선 등골뼈가 있는 동물 ·········· ☐ ☐ 동 물

㉳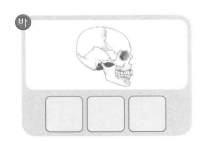
☐ ☐ ☐

㉴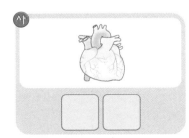
☐ ☐

㉵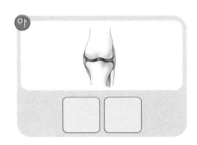
☐ ☐

42

다음에서 비슷한 뜻끼리 짝지어진 것에는 '='로, 반대의 뜻끼리 짝지어진 것에는 '↔'로 나타내거나, 부호에 알맞게 어휘를 채워 보세요.

문제 개수 6 개

맞은 개수 　 개
틀린 개수 　 개

척추	=	(가 　)
혈액	(나 　)	피
관절	(다 　)	뼈마디

동맥	(라 　)	정맥
심장	(마 　)	염통
혈관	(바 　)	핏줄

어휘의 포함관계에 따라 '<' 또는 '>'로 나타내고, 그림의 위치에 알맞게 어휘를 넣어 보세요.

문제 개수 9 개

맞은 개수 　 개
틀린 개수 　 개

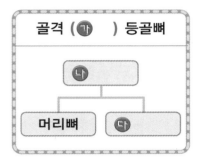

골격 (가 　) 등골뼈

나 — 머리뼈 · 다

혈장 (라 　) 혈액

마 — 백혈구 · 바

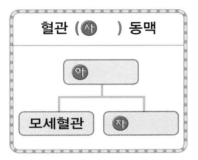

혈관 (사 　) 동맥

아 — 모세혈관 · 자

짝을 이루는 말을 찾아 동그라미를 하고, 그 말의 뜻을 보기 에서 찾아 번호를 쓰세요.

문제 개수 4 개

맞은 개수 　 개
틀린 개수 　 개

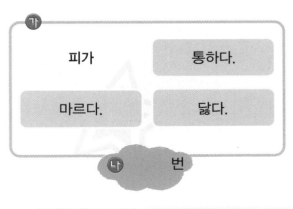

가

피가 　 통하다.
마르다. 　 닿다.

나 　 번

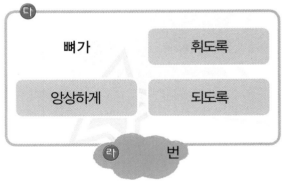

다

뼈가 　 휘도록
앙상하게 　 되도록

라 　 번

보기

① 오랜 시간동안 육체적 고통을 견디어 내면서 힘겨운 일을 치러 나가다.
② 의지나 의욕이 매우 강하다.
③ 인간적인 감정이나 인정 따위로 연결되다.

6 어휘
활용하기

다음 ㉮~㉯의 ( )에 알맞은 어휘를 보기에서 찾아 번호를 쓰고, ㉰의 질문에 답해 보세요.

문제 개수 **6** 개

맞은
개수 ◯ 개

틀린
개수 ◯ 개

㉮ 나는 내가 좋아하는 사람을 보면 ( )이 두근두근 거린다.

㉯ 할머니는 무릎이 아프다고 하시는데 아마도 ( )이 안 좋으신 것 같다.

㉱ 키가 크는 것은 뼈를 이루는 ( )가 늘어나는 것이다.

㉲ ( )은 아주 중요한 혈관이기 때문에 피부 깊숙이 들어 있다.

㉳ 사람이나 물고기 등은 등골뼈가 있는 ( )이다.

㉴ '뼈가 휘도록'을 넣어 짧은 글짓기를 해 보세요.

→ _____

보기
① 척추동물 ② 연골 ③ 모세혈관 ④ 혈장 ⑤ 골세포
⑥ 머리뼈 ⑦ 심장 ⑧ 관절 ⑨ 동맥 ⑩ 정맥

총 문제 개수 ◯33◯ 개   총 맞은 개수 ◯ 개   총 틀린 개수 ◯ 개

상식 쑥쑥 키우는 ７２

세탁기라고 다 같은 세탁기가 아니네

글을 읽고 나서 오늘 공부를 신나게 시작하자고!

가정용 세탁기는 크게 세 종류가 있습니다.

드럼식은 물과 세제와 빨래를 넣고 저속으로 회전시키다가 드럼 안에 튀어나온 돌출 부분에 의해 빨래가 올려졌다 툭 떨어지는 충격으로 세탁합니다. 빨래가 상하지 않고 물을 적게 쓰지만 세척력이 약해 물을 데워야 하므로 전기 소모가 많고, 시간도 오래 걸리고 소음도 큽니다.

교반식은 봉이 나와 회전하며 세탁하는 방식이라 빨래가 꼬이고 시끄러운 단점이 있습니다.

와권식은 지금 우리나라에서 가장 많이 쓰는 방식으로, 원판 모양의 바닥을 회전시켜 그 물살로 세탁하는 방식입니다.

물 사정이 안 좋은 유럽에서는 드럼 세탁기가 유용하지만 우리나라에는 아직 통돌이식이 더 좋답니다.

머리 풀어주는

도전 시간	걸린 시간
01 분 30 초	분 초

창의사고력 기초 다지기 정보처리능력 쓱~

아래의 달력을 보고 추측해 보세요. 다음 달 17일은 무슨 요일일까요?

일	월	화	수	목	금	토
				1	2	3
4	5	6	7	8	9	10
11	12	13	14	15	16	17
18	19	20	21	22	23	24
25	26	27	28	29	30	31

도전시간 9 분 00 초   걸린시간   분   초

1 가로세로 어휘 찾기

다음 네모에서 알고 있는 어휘를 찾아 동그라미를 해 보세요.

여기서 찾은 어휘로 2~6 번 문제를 풀어요!

행	동	방	식	존	중	★	안	규	난
꾸	중	후	유	증	혼	바	전	정	민
울	타	리	사	과	혈	자	거	속	구
위	인	정	여	동	창	회	리	도	호
협	배	려	생	계	너	그	럽	다	법

내가 찾은 어휘 ⬤ 개

2 어휘 뜻 알기

다음 설명이나 그림이 뜻하는 어휘가 무엇인지 빈칸을 채워 보세요.

문제 개수 8 개

맞은 개수 ⬤ 개

틀린 개수 ⬤ 개

㉮ 힘으로 으르고 협박함. ·········· ☐ ☐

㉯ 도와주거나 보살펴 주려고 마음을 씀. ········· ☐ ☐

㉰ 어떤 병을 앓고 난 뒤에도 남아 있는 병적인 증상 ······ ☐ ☐

㉱ 재해나 재난 따위로 어려움에 처한 사람을 돕는 방법 ···· ☐ ☐

㉲ 어떤 행동을 하는 일정한 방법이나 형식 ·········· ☐ ☐ ☐

㉳ 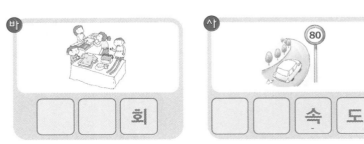 ☐ ☐ 회

㉴ 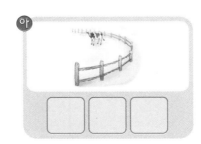 ☐ ☐ 속 도

㉵ ☐ ☐ ☐

③ 비슷한 말 반대말 알기

다음에서 비슷한 뜻끼리 짝지어진 것에는 '='로, 반대의 뜻끼리 짝지어진 것에는 '↔'로 나타내거나, 부호에 알맞게 어휘를 채워 보세요.

문제 개수 **6** 개

맞은 개수 ___ 개

틀린 개수 ___ 개

꾸지람	=	(㉮)
울타리	(㉯)	담장
존중	(㉰)	무시

사과(謝過)	(㉭)	사죄(謝罪)
혼혈	(㉱)	순혈
여생	(㉲)	잔생

---

④ 큰 말 작은 말 알기

어휘의 포함관계에 따라 '<' 또는 '>'로 나타내고, 그림의 위치에 알맞게 어휘를 넣어 보세요.

문제 개수 **9** 개

맞은 개수 ___ 개

틀린 개수 ___ 개

안전거리 (㉮) 교통법규
ㄴ
규정 속도 (㉰)

행동 방식 (㉭) 배려
ㅁ
존중 (㉱)

인생 (㉳) 여생
ㅇ
출생 (㉵)

---

⑤ 관용어 알기

짝을 이루는 말을 찾아 동그라미를 하고, 그 말의 뜻을 [보기]에서 찾아 번호를 쓰세요.

문제 개수 **4** 개

맞은 개수 ___ 개

틀린 개수 ___ 개

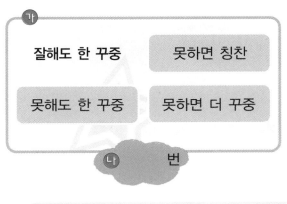
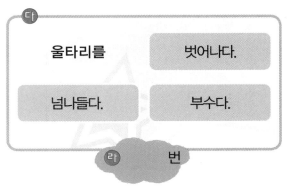

㉮
| 잘해도 한 꾸중 | 못하면 칭찬 |
| 못해도 한 꾸중 | 못하면 더 꾸중 |
㉯ 번

㉰
| 울타리를 | 벗어나다. |
| 넘나들다. | 부수다. |
㉱ 번

보기

① 일을 잘하고 못하고 관계없이 덮어놓고 꾸중하다.
② 비교적 좁고 제한된 생활 범위에서 벗어나다.
③ 세상물정에 어두워 어수룩하다.

다음 ㉮~㉲의 ( )에 알맞은 어휘를 보기 에서 찾아 번호를 쓰고, ㉳의 질문에 답해 보세요.

㉮ 교통사고 (　　　)으로 아버지는 병원에 입원해 계신다.

㉯ 그 사람이 가진 가치관에 따라 그 사람의 (　　　)이 결정된다.

㉰ 시골에 계시던 할머니가 우리 집으로 오셔서 (　　　)을 함께 지낸다고 하셨다.

㉱ 고속도로의 (　　　)는 시속 100킬로미터로 과속을 하면 단속에 걸린다.

㉲ 나쁜 사람들의 (　　　)에 굴복하면 그들은 더 큰 요구를 하게 될 것이다.

㉳ '울타리'를 넣어 짧은 글을 지어 보세요.
→ _____

보기
① 행동 방식　　② 구호법　　③ 후유증　　④ 배려　　⑤ 위협
⑥ 바자회　　⑦ 규정 속도　　⑧ 울타리　　⑨ 여생　　⑩ 인정

총 문제 개수 (33) 개　　총 맞은 개수 ( ) 개　　총 틀린 개수 ( ) 개

글을 읽고 나서 오늘 공부를 신나게 시작하자고!

좋은 습관 다지는 7쪽

성공한 사람들의 독서 습관

　성공한 사람들의 공통점이 있습니다. 짧은 시간이라도 생기면 책을 읽는 것입니다. 주식 투자로 세계에서 손꼽히는 부자가 된 버핏은 일주일에 평균 35권의 책을 읽는다고 합니다.

　홍콩의 청쿵그룹 리카싱 회장은 세계에서 열 손가락 안에 드는 부자입니다. 그는 매일 밤 책을 읽습니다. 매일 저녁 30분이라는 짧은 시간이 60년간 지속되었답니다. 그러자 세계 정세는 물론이고 최첨단 IT분야까지 소상하게 꿰뚫는 지식을 갖추게 되었답니다.

　우리 축구대표팀 감독을 맡았던 히딩크도 책벌레로 유명합니다. 그는 늘 4~5권의 책을 가지고 다녔고, 출장 가방에는 책이 가득했습니다. 그의 독서 습관이 합리적인 판단과 사태 수습, 뛰어난 심리전까지 가능하게 했답니다.

도전 시간	걸린 시간
00 분 20 초	분 초

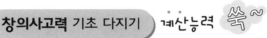

창의사고력 기초 다지기 · 계산능력 쑥~

다음 5장의 카드 중에서 3장만 사용하여 더한 답이 19가 되려면, 어떤 카드들이 필요할까요?

1	3	5	7	9

$$\boxed{?} + \boxed{?} + \boxed{?} = 19$$

날말이 쏙 생각이 쑥

1 가로세로 어휘 찾기

다음 네모에서 알고 있는 어휘를 찾아 동그라미를 해 보세요.

여기서 찾은 어휘로 2~6번 문제를 풀어요!

투	스	케	이	트	비	율	발	장	구
수	키	부	판	집	시	★	차	리	들
★	타	자	곡	선	주	로	기	프	배
오	마	임	씨	샅	자	유	형	트	지
금	평	영	름	바	안	다	리	걸	기

내가 찾은 어휘 ⬚ 개

2 어휘 뜻 알기

다음 설명이나 그림이 뜻하는 어휘가 무엇인지 빈칸을 채워 보세요.

문제 개수 **8** 개

맞은 개수 ⬚ 개

틀린 개수 ⬚ 개

㉮ 무릎의 구부러지는 오목한 안쪽 부분 ⬚⬚

㉯ 다른 수나 양에 대한 어떤 수나 양의 비 ⬚⬚

㉰ 유럽을 중심으로 여러 지역을 떠돌며 사는 민족 ⬚⬚

㉱ 씨름에서, 상대편을 배 높이까지 들어 올린 뒤 자기의 몸을 돌리면서 상대편을 넘어뜨리는 기술 ⬚ 배 ⬚⬚

㉲ 대사 없이 표정과 몸짓만으로 내용을 전달하는 연극 ⬚⬚

㉳  ⬚⬚

㉴  ⬚⬚

㉵  ⬚⬚

비슷한 말 반대말 알기

다음에서 비슷한 뜻끼리 짝지어진 것에는 '='로, 반대의 뜻끼리 짝지어진 것에는 '↔'로 나타내거나, 부호에 알맞게 어휘를 채워 보세요.

문제 개수 6 개

맞은 개수 □ 개

틀린 개수 □ 개

개구리헤엄	=	(가)
발장구	(나)	물장구
마임	(다)	무언극

곡선주로	(라)	직선주로
안다리걸기	(마)	밭다리걸기
투수	(바)	포수

큰 말 작은 말 알기

어휘의 포함관계에 따라 '<' 또는 '>'로 나타내고, 그림의 위치에 알맞게 어휘를 넣어 보세요.

문제 개수 9 개

맞은 개수 □ 개

틀린 개수 □ 개

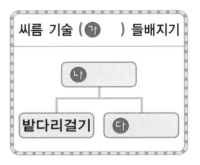

씨름 기술 (가) 들배지기
나
밭다리걸기 · 다

수영 (라) 평영
마
자유영 · 바

스키 (사) 빙상경기
아
스케이트 · 자

관용어 알기

짝을 이루는 말을 찾아 동그라미를 하고, 그 말의 뜻을 보기 에서 찾아 번호를 쓰세요.

문제 개수 4 개

맞은 개수 □ 개

틀린 개수 □ 개

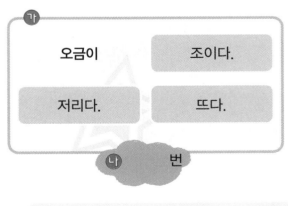

가
오금이   조이다.

저리다.   뜨다.

나   번

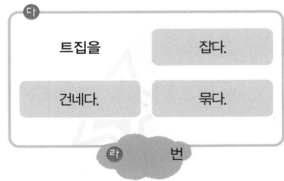

다
트집을   잡다.

건네다.   묶다.

라   번

보기
① 기세나 기분 따위를 가라앉히다.
② 조그만 흠집을 들추어내거나 없는 흠집을 만들다.
③ 잘못이 들통 나거나 나쁜 결과가 있지 않을까 마음을 졸이다.

다음 ⑦~⑨의 ( )에 알맞은 어휘를 보기에서 찾아 번호를 쓰고, ⑩의 질문에 답해 보세요.

> ⑦ 직선주로를 달릴 때보다 ( )를 달릴 때, 무게중심을 잡는 것이 더 어렵다.
>
> ⑨ 씨름 선수들은 상대방의 ( )를 잡고 공격을 한다.
>
> ⑨ 엄마께 꾸중을 듣고 심통이 난 나는 공연히 동생이 하는 말에 ( )을 잡았다.
>
> ⑨ 우리 반은 남자 14명에 여자 17명으로 남자보다 여자의 ( )이 더 높다.
>
> ⑩ 수영을 못하는 동생은 ( )를 요란하게 치지만 앞으로 가지는 못한다.
>
> ⑪ '오금이 저리다.'라는 말이 생각나는 상황을 써 보세요.
>
> →

보기
① 비율　　② 집시　　③ 들배지기　　④ 마임　　⑤ 스키
⑥ 평영　　⑦ 샅바　　⑧ 트집　　⑨ 곡선주로　　⑩ 발장구

총 문제 개수 ③③ 개 ┊ 총 맞은 개수 ◯ 개 ┊ 총 틀린 개수 ◯ 개

상식 쑥쑥 키우는 기२

우리 옛집
초가집

뭐니뭐니 해도 우리 옛집의 대명사는 짚을 엮어 지붕을 올린 초가집입니다. 우리 선조는 주변에 있는 재료로 집을 지었기 때문에 논농사를 짓는 곳이면 초가집이 있기 마련이었죠.

짚은 가볍고 단열과 보온도 뛰어나 사계절이 뚜렷한 우리나라 기후와 맞아떨어진답니다. 바닥 구들과 벽은 황토를 물에 갠 진흙으로 발랐는데 황토는 여름에 서늘하고 겨울에 따뜻합니다. 현대 과학에 따르면 황토는 열을 받으면 원적외선이 나와 면역력이 높아지는 등 건강에 도움이 된다고 합니다. 기능 면에서 우수한 초가집은 자연 경관과도 잘 어울린답니다. 초가지붕의 선과 뒷산자락의 선은 서로 닮아 미적으로도 아주 뛰어나답니다.

새집증후군이니 뭐니 해서 유해 독소가 넘치는 요즘 집들에 우리 옛집의 장점들을 살려 넣을 수는 없을까요?

머리 풀어주는 퍼즐

도전 시간	걸린 시간
00 분 50 초	분 초

창의사고력 기초 다지기 주의집중력 쑥~

바둑판 모양의 그림 속에서 정사각형을 몇 개나 찾을 수 있을까요?

보기

작은 정사각형 : 9개
중간 크기 정사각형 : 4개
가장 큰 정사각형 : 1개

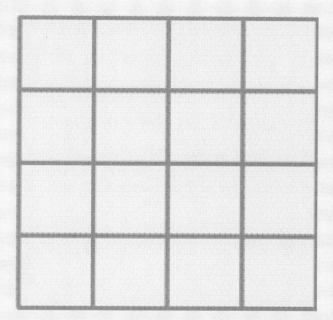

모두   개

날말이 쏙 생각이 쏙

도전시간 | 13 분 | 00 초

걸린시간 | 분 | 초

1 가로세로 어휘 찾기

다음 네모에서 알고 있는 어휘를 찾아 동그라미를 해 보세요.

여기서 찾은 어휘로 2~6번 문제를 풀어요!

묘	★	주	가	지	치	기	쾌	적	한
목	련	목	생	★	침	실	내	장	식
양	거	름	장	활	엽	수	분	갈	이
동	퇴	배	양	토	수	★	소	나	무
이	비	★	모	종	삽	물	뿌	리	개

내가 찾은 어휘 　　　　개

2 어휘 뜻 알기

다음 설명이나 그림이 뜻하는 어휘가 무엇인지 빈칸을 채워 보세요.

문제 개수 8 개

맞은 개수 　　개

틀린 개수 　　개

㉮ 기분이 상쾌하고 즐거운 ·········· ☐☐☐

㉯ 식물의 모양을 다듬거나 열매의 생산량을 늘리기 위해 곁가지 등을 자르고 다듬는 일 ·········· ☐☐☐☐

㉰ 식물을 기르는 데 쓰기 위해 거름을 섞어 걸게 만든 흙 ···· ☐☐☐

㉱ 화분에 심은 풀이나 나무를 다른 화분에 옮겨 심는 일 ···· ☐☐☐

㉲ 식물이 잘 자라도록 땅을 기름지게 하기 위하여 주는 물질 ····· ☐☐

㉳ 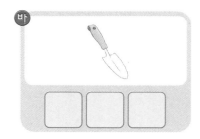 ☐☐☐

㉴  물 ☐☐☐

㉵  ☐☐수

54

3 비슷한 말 반대말 알기

다음에서 비슷한 뜻끼리 짝지어진 것에는 '='로, 반대의 뜻끼리 짝지어진 것에는 '↔'로 나타내거나, 부호에 알맞게 어휘를 채워 보세요.

성장	=	(가)
쾌적한	(나)	불쾌한
배양토	(다)	거름흙

침엽수	(라)	활엽수
퇴비	(마)	두엄
가지치기	(바)	전지

4 큰 말 작은 말 알기

어휘의 포함관계에 따라 '<' 또는 '>'로 나타내고, 그림의 위치에 알맞게 어휘를 넣어 보세요.

나무 (가) 활엽수

나 / 침엽수 / 다

거름 (라) 퇴비

마 / 비료분 / 바

벽지 (사) 실내장식

아 / 커튼 / 자

5 관용어 알기

짝을 이루는 말을 찾아 동그라미를 하고, 그 말의 뜻을 보기 에서 찾아 번호를 쓰세요.

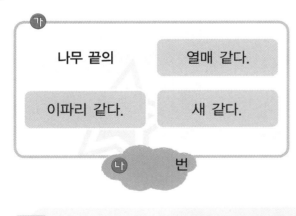

가

나무 끝의 / 열매 같다. / 이파리 같다. / 새 같다.

나 번

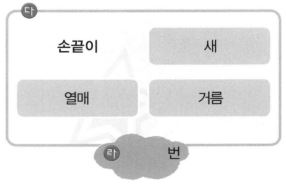

다

손끝이 / 새 / 열매 / 거름

라 번

보기

① 사람의 손이 많이 간 논밭은 좋은 거름을 친 것만큼 효과가 있다.

② 일하는 손끝이 여물어 좋은 결실을 거둘 수 있다.

③ 오래 머물러 있지 못할 위태로운 곳에 있다.

다음 ㉮~㉰의 ( )에 알맞은 어휘를 보기 에서 찾아 번호를 쓰고, ㉲의 질문에 답해 보세요.

문제 개수 6 개

맞은
개수 ___ 개

틀린
개수 ___ 개

㉮ 기르던 식물이 많이 자랐다며 아버지는 화분을 옮기는 ( )를 하셨다.

㉯ ( )의 잎이 겨울에도 푸른 것은 잎이 좁아 빼앗기는 수분이 적기 때문이다.

㉰ 좀 더 많은 과실을 얻기 위해 올 봄에도 잔가지를 치는 ( )를 한다.

㉱ 새로 이사 온 집은 빛도 잘 들고 통풍도 좋아서 ( ) 환경에서 살 수 있게 되었다.

㉲ 식물이 잘 자라도록 물을 주는 것도 중요하지만 때에 따라 ( )을 주는 것 도 좋다.

㉳ '생장'이라는 말을 넣어 짧은 글짓기를 해 보세요.

→ _____

보기
① 쾌적한　　② 가지치기　　③ 배양토　　④ 분갈이　　⑤ 거름
⑥ 침엽수　　⑦ 모종삽　　⑧ 물뿌리개　　⑨ 활엽수　　⑩ 생장

총 문제 개수 (33) 개 　｜　 총 맞은 개수 ( ) 개 　｜　 총 틀린 개수 ( ) 개

글을 읽고 나서
오늘 공부를
신나게 시작하자고!

생각하고 되새기는

시너지
효과

　　시너지 효과란 서로 협력하여 더 큰 효과를 내는 것을 말합니다. 말하자면 '1+1=2'가 아니라 2 이상이 된다는 뜻입니다. 예를 들어 말 1마리가 들어 올릴 수 있는 무게가 10킬로그램이라 하면 2마리가 들어 올릴 수 있는 무게는 20킬로그램입니다. 그러나 실제로 실험해 보면 20킬로그램이 아니라 36킬로그램을 들어 올립니다.

　　시너지 효과는 1965년 앤조프가 처음 얘기했답니다. 그는 고유한 효과를 가지고 있는 생화학 성분을 혼합하면 그 특성이 더욱 강하게 나타난다는 사실을 발견했습니다. 그는 이를 시너지 효과라고 불렀습니다.

　　친구들과 함께 모여 공부하며 시너지 효과를 내어 보는 건 어떨까요?

머리 풀어주는 퍼즐

도전 시간	걸린 시간
00 분 30 초	분 초

창의사고력 기초 다지기 연상추리력 쑥~

규칙을 생각하면서 다음 빈칸에 들어갈 숫자를 채워 넣으세요.

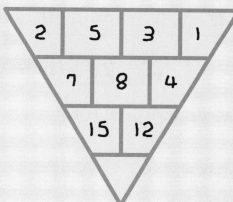

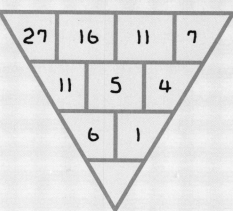

낱말이 쏙 생각이 쑥

1 가로세로 어휘 찾기

다음 네모에서 알고 있는 어휘를 찾아 동그라미를 해 보세요.

여기서 찾은 어휘로 2~6번 문제를 풀어요!

중	원	고	구	려	비	상	좌	평	호
천	대	대	로	★	진	대	중	흥	우
도	순	수	비	성	골	등	골	품	명
문	화	교	류	정	사	암	회	의	그
★	랑	마	립	간	영	토	확	장	릇

내가 찾은 어휘 　　　　개

2 어휘 뜻 알기

다음 설명이나 그림이 뜻하는 어휘가 무엇인지 빈칸을 채워 보세요.

문제 개수 8 개

맞은 개수 　　개

틀린 개수 　　개

㉮ 신라 때에, 혈통에 따라 나눈 신분 제도 ·············· ☐☐

㉯ 신라의 으뜸 벼슬로 화백의 우두머리 ·············· ☐☐

㉰ 신라 때에, 임금을 이르던 말 ·············· ☐☐

㉱ 고구려의 수상으로 나랏일 전반을 관리함. ·············· ☐☐

㉲ 백제 때에, 정치를 논의하고 재상을 뽑던 귀족 회의
·············· ☐☐☐ 회 의

㉳ ☐☐☐ 그 릇

㉴ ☐☐

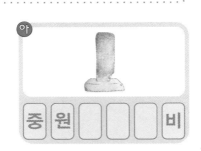
㉵ 중 원 ☐☐ 비

③ 비슷한 말 반대말 알기

다음에서 비슷한 뜻끼리 짝지어진 것에는 '='로, 반대의 뜻끼리 짝지어진 것에는 '↔'로 나타내거나, 부호에 알맞게 어휘를 채워 보세요.

문제 개수 **6** 개

맞은 개수 ⬚ 개

틀린 개수 ⬚ 개

왕	=	(가)
중흥	(나)	부흥
천도	(다)	이도

확장	(라)	축소
교류	(마)	폐쇄
화랑	(바)	국선

④ 큰 말 작은 말 알기

어휘의 포함관계에 따라 '<' 또는 '>'로 나타내고, 그림의 위치에 알맞게 어휘를 넣어 보세요.

문제 개수 **9** 개

맞은 개수 ⬚ 개

틀린 개수 ⬚ 개

화백 (가) 귀족 회의
나
정사암 회의 — 다

골품 (라) 진골
마
성골 — 바

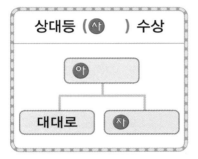

상대등 (사) 수상
아
대대로 — 자

⑤ 관용어 알기

짝을 이루는 말을 찾아 동그라미를 하고, 그 말의 뜻을 보기 에서 찾아 번호를 쓰세요.

문제 개수 **4** 개

맞은 개수 ⬚ 개

틀린 개수 ⬚ 개

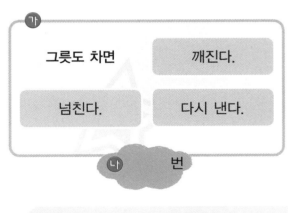

가
그릇도 차면 / 깨진다. / 넘친다. / 다시 낸다.
나 ⬚ 번

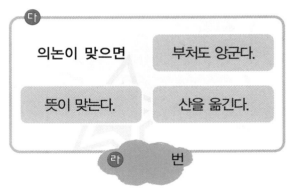

다
의논이 맞으면 / 부처도 양군다. / 뜻이 맞는다. / 산을 옮긴다.
라 ⬚ 번

보기

① 세상 모든 것은 한번 성하고 차면 다시 쇠하고 줄어들게 된다.

② 여러 사람의 뜻이 합쳐지고 마음이 맞으면 무슨 일이라도 해낼 수 있다.

③ 여러 사람의 뜻이 서로 어긋나서 무엇을 할 수 없게 되다.

6 어휘 활용하기

다음 ㉮~㉲의 ( )에 알맞은 어휘를 보기 에서 찾아 번호를 쓰고, ㉳의 질문에 답해 보세요.

문제 개수 **6** 개

맞은 개수 ⬡ 개

틀린 개수 ⬡ 개

㉮ 예전부터 한·중·일 세 나라는 활발한 (   )가 있었다.

㉯ 남쪽으로 영토를 넓히기 위해 장수왕은 국내성에서 평양성으로 (   )했다.

㉰ 신라에서 발견된 (   )을 통해 당시 신라가 고구려와 밀접한 관계였음을 알 수 있다.

㉱ 화백의 의장인 (   )은 왕권을 견제하고 나라 전반을 살폈다.

㉲ 신라의 (   )을 통해 귀족끼리도 차별이 있었음을 알 수 있다.

㉳ '그릇도 차면 넘친다.'라는 말이 생각나는 상황을 써 보세요.

　　➡ _____

보기
① 상대등　② 골품　③ 정사암 회의　④ 마립간　⑤ 대대로
⑥ 호우명 그릇　⑦ 화랑　⑧ 중원고구려비　⑨ 천도　⑩ 문화 교류

총 문제 개수 (33) 개 ┃ 총 맞은 개수 (　) 개 ┃ 총 틀린 개수 (　) 개

글을 읽고 나서 오늘 공부를 신나게 시작하자고!

상식 쑥쑥 키우는

경전 쓰기 수행법

　　문주 엄마는 얼마 전부터는 성경 쓰기를 시작했어요. 성경 쓰기는 기도하는 마음으로 책의 처음부터 쓰기 시작해요. 빼곡하게 써 놓은 공책을 넘기다 보면 마음이 뿌듯하지요. 문주 엄마는 성경을 쓰고 나면 마음이 정갈해지고 집중도 잘 되어서 좋다고 합니다.

　　여러 종교에서 수행 방법의 하나로 경전을 옮겨 써요. 불교에서는 사경이라고도 해요. 사경은 인쇄술이 발달하기 전 포교를 위해 경전을 직접 옮겨 쓰기 시작한 거죠. 인쇄술이 보급되고 난 뒤로는 수행과 장식의 성격이 더 뚜렷해졌어요. 우리나라에는 통일신라 때에 연기법사가 아버지를 위해 사경했다는 신라백지묵서대방광불화엄경이 국보로 지정되어 있어요.

60

머리 풀어주는

도전 시간	걸린 시간
00 분 20 초	분 초

창의사고력 기초 다지기 판단능력 쑥~

다음 그림은 거울에 비친 시계의 모습이에요. 몇 시 몇 분일까요?

도전시간 9 분 00 초 | 걸린시간 ⬚ 분 ⬚ 초

1 가로세로 어휘 찾기

다음 네모에서 알고 있는 어휘를 찾아 동그라미를 해 보세요.

여기서 찾은 어휘로 2~6번 문제를 풀어요!

추	꽁	부	가	거	피	팥	어	심	불
켜	지	도	새	소	쿠	리	음	정	쏘
올	알	거	지	몸	채	마	밭	설	시
리	멍	석	르	놀	깍	쟁	이	령	개
다	정	겹	다	림	★	얼	기	설	기

내가 찾은 어휘 ⬚ 개

2 어휘 뜻 알기

다음 설명이나 그림이 뜻하는 어휘가 무엇인지 빈칸을 채워 보세요.

문제 개수 8 개

맞은 개수 ⬚ 개

틀린 개수 ⬚ 개

㉮ 일정한 금액을 일정한 날짜와 장소에서 치를 것을 약속하는 유가증권 ⬚⬚

㉯ '가정해서 말하여.' 주로 부정적인 뜻을 가진 문장에 쓴다. ⬚⬚

㉰ 먹을거리나 입을 거리로 심어서 가꾸는 밭 ⬚⬚

㉱ 가는 것이 이리저리 뒤섞이어 얽힌 모양 ⬚⬚⬚

㉲ 한쪽으로 치우치지 않게 서로 어긋나게 하다. ⬚ 지 다

㉳  ⬚⬚

㉴  ⬚⬚⬚

㉵ 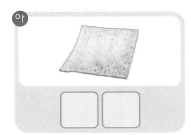 ⬚⬚

비슷한 말 반대말 알기

다음에서 비슷한 뜻끼리 짝지어진 것에는 '='로, 반대의 뜻끼리 짝지어진 것에는 '↔'로 나타내거나, 부호에 알맞게 어휘를 채워 보세요.

문제 개수 6 개

맞은 개수 ⬡ 개

틀린 개수 ⬡ 개

심경	=	(㉮)
가령	(㉯)	설령
불쏘시개	(㉰)	쏘시개

멍석	(㉳)	거적
추켜올리다	(㉮)	깎아내리다
알거지	(㉴)	부자

큰 말 작은 말 알기

어휘의 포함관계에 따라 '<' 또는 '>'로 나타내고, 그림의 위치에 알맞게 어휘를 넣어 보세요.

문제 개수 9 개

맞은 개수 ⬡ 개

틀린 개수 ⬡ 개

어음 (㉮) 증권

(㉯)

수표   (㉰)

깔개 (㉹) 멍석

(㉮)

방석   (㉴)

추켜올리다 (㉺) 동작

(㉻)

가새지르다   (㉽)

관용어 알기

짝을 이루는 말을 찾아 동그라미를 하고, 그 말의 뜻을 보기 에서 찾아 번호를 쓰세요.

문제 개수 4 개

맞은 개수 ⬡ 개

틀린 개수 ⬡ 개

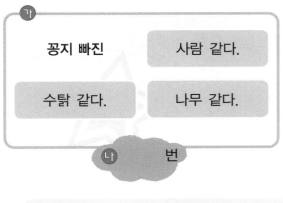

㉮

꽁지 빠진	사람 같다.
수탉 같다.	나무 같다.

㉯   번

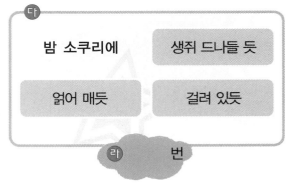

㉰

밤 소쿠리에	생쥐 드나들 듯
얽어 매듯	걸려 있듯

㉱   번

보기

① 겁이 나서 몸을 숨기고 바깥을 살피는 모양

② 자주 들어갔다 나갔다 하는 모양

③ 볼품이 없거나 위신이 없는 모양

6 어휘 활용하기

다음 ㉮~㉳의 ( )에 알맞은 어휘를 보기에서 찾아 번호를 쓰고, ㉯의 질문에 답해 보세요.

문제 개수 **6** 개

맞은 개수 ( ) 개

틀린 개수 ( ) 개

㉮ 나는 ( ) 너의 말이 거짓이라고 해도 일단 네 말을 믿겠다.

㉯ 자식을 북한에 두고 혼자 남하한 그 분의 ( )이 오죽하겠나.

㉰ 국수를 찬물에 씻어 물이 빠지도록 ( )에 받쳐 두었다.

㉱ 그 아이는 남의 물건은 빌려 쓰면서도 자기 물건은 빌려 주지 않는 ( )야.

㉲ 할머니께서는 거둬들인 고추를 ( )에 펴서 말리셨다.

㉳ '얼기설기'라는 말을 넣어 짧은 글을 지어 보세요.

➜ _____

보기
① 가새지르다 ② 설령 ③ 얼기설기 ④ 정겨운 ⑤ 깍쟁이
⑥ 심정 ⑦ 불쏘시개 ⑧ 멍석 ⑨ 소쿠리 ⑩ 어음

총 문제 개수 (33) 개 | 총 맞은 개수 ( ) 개 | 총 틀린 개수 ( ) 개

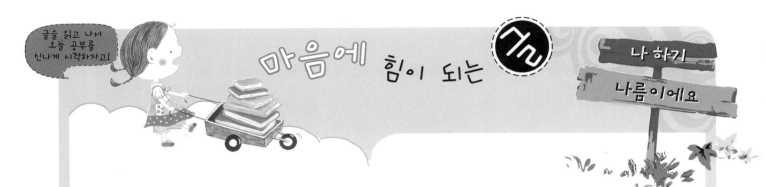

글을 읽고 나서 오늘 공부를 신나게 시작하자고!

마음에 힘이 되는 수필

나 하기 나름이에요

　친구가 없고 심심하세요? 뭐든 나만 하려고 하고, 그래서 혼자 게임만 하나요? 엄청 먹고, 먹다 보니 살이 찌고, 그래서 친구들이 놀리나요? 다이어트를 해 보았는데, 잘 되지 않나요?

　그렇다면 정말 좋아하는 일을 해 보세요. 단, 손이나 발 등 몸을 쓰는 일이어야 해요. 아, 그림 그리기 어때요? 내 마음속에 있는 것을 표현해 보세요. 놀리는 친구, 야단치는 엄마도 그려 보고, 나중에 하고 싶은 일과 여행을 가고 싶은 곳도 그려 보세요.

　시간이 지나면 집중하는 법을 배우게 된답니다. 더 지나면 내 마음을 다스리는 것도 가능해져요. 그 싫던 운동도 좋아지고, 많이 먹고 싶은 마음도 참을 수 있게 된답니다. 그러면 내가 변할 수 있다는 자신이 생길 겁니다.

머리 풀어주는 퍼즐

창의사고력 기초 다지기 정보처리능력 쑥~

다음의 숫자 카드와 나눗셈 카드를 모두 이용해서 가장 큰 수를 만들어 보세요. 얼마일까요?

날말이 쏙 생각이 쑥

1 가로세로 어휘 찾기

다음 네모에서 알고 있는 어휘를 찾아 동그라미를 해 보세요.

여기서 찾은 어휘로 2~6번 문제를 풀어요!

호	쓸	방	광	노	★	소	화	효	소
흡	개	땀	샘	폐	대	장	★	항	문
기	관	지	날	물	모	염	배	설	식
관	★	들	숨	산	공	감	★	요	도
이	산	화	탄	소	화	기	관	허	파

내가 찾은 어휘 ⬤ 개

2 어휘 뜻 알기

다음 설명이나 그림이 뜻하는 어휘가 무엇인지 빈칸을 채워 보세요.

문제 개수 8 개

맞은 개수 ⬤ 개

틀린 개수 ⬤ 개

🄰 들이쉬는 숨 ·········· ☐ ☐

🄱 세균 감염 등으로 인해 창자의 점막에 생기는 염증 ········· ☐ ☐

🄲 몸 안에서 생성된 물질 중에 몸에 필요 없는 것 ········· ☐ ☐ ☐

🄳 입의 침처럼 소화기관에서 분비되어 음식물의 소화를 돕는 물질

········· 소 화 ☐

🄴 허파나 아가미처럼 숨을 쉬는 작용을 맡은 기관 ····· ☐ ☐ 기 관

🄵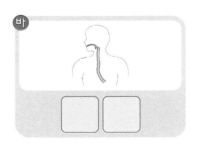
☐ ☐

🄶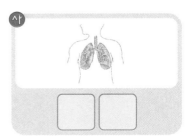
☐ ☐

🄷
☐ ☐ ☐

3 비슷한 말 반대말 알기

다음에서 비슷한 뜻끼리 짝지어진 것에는 '='로, 반대의 뜻끼리 짝지어진 것에는 '↔'로 나타내거나, 부호에 알맞게 어휘를 채워 보세요.

문제 개수 **6** 개

맞은 개수 ⬜ 개

틀린 개수 ⬜ 개

폐	=	(가)
방광	(나)	오줌통
들숨	(다)	날숨

노폐물	(라)	찌꺼기
호흡	(마)	숨쉬기
소장	(바)	작은창자

4 큰 말 작은 말 알기

어휘의 포함관계에 따라 '<' 또는 '>'로 나타내고, 그림의 위치에 알맞게 어휘를 넣어 보세요.

문제 개수 **9** 개

맞은 개수 ⬜ 개

틀린 개수 ⬜ 개

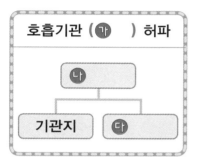

호흡기관 (가) 허파

| 나 |
| 기관지 | 다 |

식도 (라) 소화기관

| 마 |
| 위 | 바 |

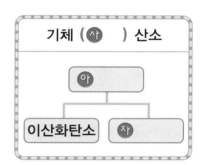

기체 (사) 산소

| 아 |
| 이산화탄소 | 자 |

관용어 알기

짝을 이루는 말을 찾아 동그라미를 하고, 그 말의 뜻을 보기 에서 찾아 번호를 쓰세요.

문제 개수 **4** 개

맞은 개수 ⬜ 개

틀린 개수 ⬜ 개

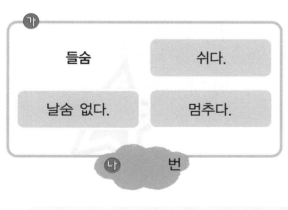

가

들숨   쉬다.

날숨 없다.   멈추다.

나 ___ 번

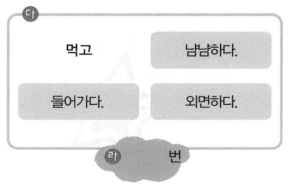

다

먹고   냠냠하다.

들어가다.   외면하다.

라 ___ 번

보기

① 꼼짝달싹할 수 없는 지경이나 형편에 처하여 있다.

② 어떤 일을 할 때 이로운 점을 미리 얻고서 관계하다.

③ 지나치게 욕심이 많다.

다음 ㉮~㉺의 ( )에 알맞은 어휘를 보기 에서 찾아 번호를 쓰고, ㉻의 질문에 답해 보세요.

㉮ 동생이 음식을 잘못 먹었는지 ( )으로 병원에 입원했다.

㉯ 음식을 씹어서 잘게 부수면 몸에서 ( )가 나와서 그것들을 분해한다.

㉰ 땀은 체온을 조절하기도 하지만 몸 안의 ( )을 밖으로 내보내는 역할도 한다.

㉱ 소변이 너무 급해서 ( )이 터질 지경이야!

㉲ 물고기는 아가미로, 사람은 ( )로 숨을 쉰다.

㉳ '들숨 날숨 없다.'라는 말이 생각나는 상황을 써 보세요.

→ _____

보기
① 호흡기관 ② 소화효소 ③ 허파 ④ 노폐물 ⑤ 장염
⑥ 들숨 ⑦ 식도 ⑧ 기관지 ⑨ 방광 ⑩ 소장

총 문제 개수 ㉝ 개 │ 총 맞은 개수 ◯ 개 │ 총 틀린 개수 ◯ 개

글을 읽고 나서 오늘 공부를 신나게 시작하자고!

상식 쑥쑥 키우는 7교시 테디 베어는 어디서 유래했을까?

미국의 루스벨트 대통령이 사냥을 나가 곰을 잡았습니다. 일행이 곰을 나무에 묶고 마지막 한 발을 쏘라고 했을 때 루스벨트는 스포츠 정신에 어긋난다고 해서 총을 쏘지 않았습니다.

다음 날 이 이야기가 신문에 실렸습니다. 이를 본 뉴욕의 한 장난감 가게가 봉제 곰 인형에다 루스벨트 대통령의 애칭인 테디라는 이름을 붙여 팔았고 그 뒤 테디 베어는 전 세계에서 가장 사랑받는 장난감이 되었습니다.

요즘은 손으로 직접 만든 곰 인형을 테디 베어라고 합니다. 취미로 직접 만드는 사람도 있고 수집하는 사람도 많습니다. 세계 곳곳에 크고 작은 테디 베어 박물관이 있는데 우리나라는 제주도에 테디 베어 박물관이 있답니다.

머리 풀어주는

도전 시간	걸린 시간
00 분 15 초	분 초

창의사고력 기초 다지기   계산능력 쏙~

다음의 등식을 완성하려면 빈칸에 어떤 연산기호가 들어가야 할까요?

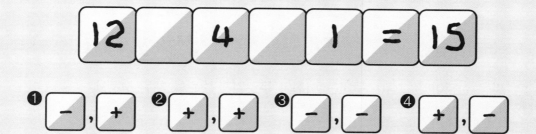

❶ −, + ❷ +, + ❸ −, − ❹ +, −

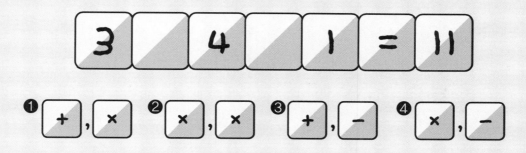

❶ +, × ❷ ×, × ❸ +, − ❹ ×, −

도전시간 | 걸린시간
12 분 | 00 초 | 분 | 초

1 가로세로 어휘 찾기

다음 네모에서 알고 있는 어휘를 찾아 동그라미를 해 보세요.

여기서 찾은 어휘로 2~6번 문제를 풀어요!

크	래	킹	온	실	효	과	복	사	열
자	정	작	용	대	소	합	성	세	제
고	도	심	지	기	벌	습	지	방	장
물	연	샛	청	하	천	조	성	출	학
상	소	강	빈	덧	버	선	등	록	금

내가 찾은 어휘 ___ 개

2 어휘 뜻 알기

다음 설명이나 그림이 뜻하는 어휘가 무엇인지 빈칸을 채워 보세요.

문제 개수 8 개

맞은 개수 ___ 개

틀린 개수 ___ 개

가 지구가 태양으로부터 받는 열이나 적외선처럼 물체에 흡수되어 그 물체를 뜨겁게 하는 에너지 ⋯⋯⋯⋯ ☐☐☐

나 중유, 경유를 다시 가열·분해하여 가솔린을 만드는 열분해법 ⋯⋯⋯⋯⋯⋯ ☐☐☐

다 나무들의 적당한 간격을 위해 불필요한 나무를 솎아 베어 냄. ⋯⋯ ☐☐

라 성품이 깨끗하고 재물에 대한 욕심이 없어 가난함. ⋯⋯⋯⋯⋯ ☐☐

마 오염된 물이나 땅 따위가 저절로 깨끗해지는 작용 ⋯⋯ ☐☐ 작 용

바  ☐☐☐

사  ☐☐

아  ☐☐ 세 제

70

3 비슷한 말 반대말 알기

다음에서 비슷한 뜻끼리 짝지어진 것에는 '='로, 반대의 뜻끼리 짝지어진 것에는 '↔'로 나타내거나, 부호에 알맞게 어휘를 채워 보세요.

문제 개수 6 개

맞은 개수 □ 개

틀린 개수 □ 개

솎아베기	=	(가)
흡수	(나)	방출
복사열	(다)	방사열

샛강	(라)	대강
대기	(마)	공기
조성	(바)	만듦

4 큰 말 작은 말 알기

어휘의 포함관계에 따라 '<' 또는 '>'로 나타내고, 그림의 위치에 알맞게 어휘를 넣어 보세요.

문제 개수 9 개

맞은 개수 □ 개

틀린 개수 □ 개

학비 (가) 등록금

(나)

교재비 | (다)

주방 세제 (라) 합성세제

(마)

샴푸 | (바)

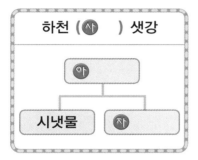

하천 (사) 샛강

(아)

시냇물 | (자)

5 관용어 알기

짝을 이루는 말을 찾아 동그라미를 하고, 그 말의 뜻을 보기 에서 찾아 번호를 쓰세요.

문제 개수 4 개

맞은 개수 □ 개

틀린 개수 □ 개

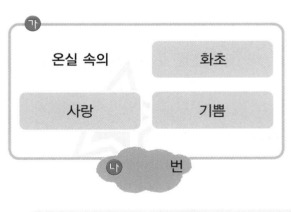

(가)

온실 속의 | 화초

사랑 | 기쁨

(나) 번

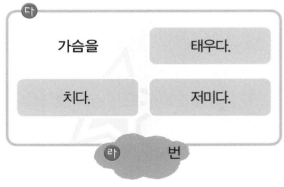

(다)

가슴을 | 태우다.

치다. | 저미다.

(라) 번

보기

① 몹시 애태우다.
② 어려움이나 고난을 겪지 아니하고 그저 곱게만 자라다.
③ 때맞추어 반가운 일이 생기다.

다음 ㉮~㉲의 ( )에 알맞은 어휘를 보기에서 찾아 번호를 쓰고, ㉳의 질문에 답해 보세요.

㉮ 빨래를 하며 사용하는 ( )의 거품으로 하천이 오염되고 있다.

㉯ 공부를 잘 하는 사촌 오빠가 이번에 학교에서 ( )을 받는다고 한다.

㉰ 예전에 아버지는 모아 둔 빈 병을 ( )에 팔아 용돈벌이를 했다고 하신다.

㉱ ( )을 하지 않은 나무들은 가지를 뻗기 어려워 크게 자라지 못한다.

㉲ 황희 정승은 항상 ( )한 생활로 다른 관리들의 모범이 되었다.

㉳ '온실 속의 화초'라는 말이 생각나는 상황을 써 보세요.

→ _____

보기
① 복사열   ② 자정작용   ③ 청빈   ④ 소벌   ⑤ 고물상
⑥ 덧버선   ⑦ 합성세제   ⑧ 도심지   ⑨ 방출   ⑩ 장학금

총 문제 개수 (33) 개   총 맞은 개수 ( ) 개   총 틀린 개수 ( ) 개

좋은 습관 다지는 7교시 — 필요 없는 물건을 사지 않아요

학교가 끝나면 습관적으로 문방구에 들러 이것저것 사는 아이가 있어요. '그까짓 얼마 안하는데 뭐.' 하면서요. 스티커도 수백 장이고, 조립하지 않은 장난감도 여기저기 굴러다녀요. 그래도 다음 날이면 어김없이 또 물건을 사요.

돈은 부모님의 지갑이나 카드에서 샘솟는 게 아니랍니다. 우리 부모님이 열심히 일한 대가로 얻는 거예요. 적어도 내가 1달에 용돈을 얼마쯤 쓰는지 알아야 해요. 용돈을 어디에 얼마나 쓰는지, 정말 필요한 것을 사는지도 점검해 봐요. 물론 용돈 기입장에 꼼꼼하게 적어 넣는 것도 방법이지요.

돈을 쓰는 것은 훈련이고 습관이에요. 내가 자라 어른이 되어 돈을 벌고, 합리적으로 돈을 잘 쓰기 위해서는 좋은 습관이 필요해요. 지금 당장 용돈 기입장 쓰기를 시작해 보세요. 나이가 들어 아주 잘한 일이라고 스스로 평가할 것입니다.

16회

머리 풀어주는 퍼즐

도전 시간	걸린 시간
00 분 15 초	분 초

창의사고력 기초 다지기 주의집중력 쑥~

동물들의 이름을 도장으로 만들려고 해요. 그런데 잘못 만들어진 도장이 있네요. 무엇일까요?

73

날말이 쏙 생각이 쑥

1 가로세로 어휘 찾기

다음 네모에서 알고 있는 어휘를 찾아 동그라미를 해 보세요.

여기서 찾은 어휘로 2~6번 문제를 풀어요!

훌	라	멩	고	★	체	생	식	기	관
성	출	평	균	대	질	호	르	몬	순
징	산	형	피	하	지	방	수	정	발
유	연	성	용	★	정	근	지	구	력
모	리	스	춤	난	자	력	사	춘	기

내가 찾은 어휘   개

2 어휘 뜻 알기

다음 설명이나 그림이 뜻하는 어휘가 무엇인지 빈칸을 채워 보세요.

문제 개수 8 개

맞은 개수 ___ 개

틀린 개수 ___ 개

㉮ 날 때부터 지니고 있는 몸의 생리적 성질이나 건강상의 특질 ···· ☐☐

㉯ 남과 여, 암컷과 수컷을 구별하는 형태적 특징 ················· ☐☐

㉰ 한쪽으로 기울지 않고 안정을 유지하는 성질 ············· ☐ 성

㉱ 몸에서 분비되는 체액과 함께 체내를 순환하며 다른 기관의 작용을 촉진, 억제하는 물질을 통틀어 이르는 말 ················· ☐☐

㉲ 생물의 종족 유지에 관여하는 기관 ··············· ☐☐ 기 관

㉳
☐☐☐☐

㉴
☐☐☐

㉵
☐☐☐

3 비슷한 말 반대말 알기

다음에서 비슷한 뜻끼리 짝지어진 것에는 '='로, 반대의 뜻끼리 짝지어진 것에는 '↔'로 나타내거나, 부호에 알맞게 어휘를 채워 보세요.

몸바탕	═	(㉮)
성징	(㉯)	성별 형질
근력	(㉰)	힘

정자	(㉱)	난자
호르몬	(㉲)	내분비물
지구력	(㉳)	순발력

4 큰 말 작은 말 알기

어휘의 포함관계에 따라 '＜' 또는 '＞'로 나타내고, 그림의 위치에 알맞게 어휘를 넣어 보세요.

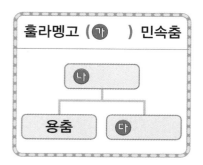

훌라멩고 (㉮) 민속춤

㉯

용춤 | ㉰

생식 (㉱) 체내 생식

㉲

체외 생식 | ㉳

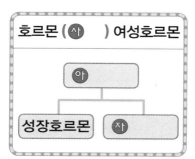

호르몬 (㉴) 여성호르몬

㉵

성장호르몬 | ㉶

5 관용어 알기

짝을 이루는 말을 찾아 동그라미를 하고, 그 말의 뜻을 보기 에서 찾아 번호를 쓰세요.

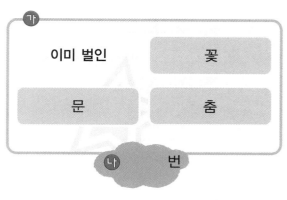

㉮

이미 벌인 | 꽃

문 | 춤

㉯ 번

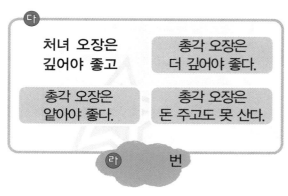

㉰

처녀 오장은 깊어야 좋고 | 총각 오장은 더 깊어야 좋다.

총각 오장은 얕아야 좋다. | 총각 오장은 돈 주고도 못 산다.

㉱ 번

보기

① 조그만 실수를 하고 크게 책망을 받다.

② 이미 시작한 일은 중간에서 막을 수 없다.

③ 처녀의 마음은 깊어야 좋고 총각의 성격은 시원시원해야 좋다.

다음 ㉮~㉲의 ( )에 알맞은 어휘를 보기 에서 찾아 번호를 쓰고, ㉳의 질문에 답해 보세요.

㉮ 마음이 자꾸 이랬다저랬다 하는 걸 보면 요즘 내가 ( )인 것 같다.

㉯ 일찍 자야 성장( )이 많아 나와 키가 큰다고 한다.

㉰ 나도 코 밑에 수염이 나는 걸 보니 이제 남자로서의 ( )을 나타내는 것이다.

㉱ 마라톤은 오래 달려야 하므로 ( )이 필요한 운동이다.

㉲ 체조 선수들은 몸을 많이 구부려야 하므로 ( )이 좋아야 한다.

㉳ '이미 벌인 춤'이라는 말이 생각나는 상황을 써 보세요.

→ _____

보기
① 체질　② 호르몬　③ 성징　④ 유연성　⑤ 평균대
⑥ 순발력　⑦ 사춘기　⑧ 근력　⑨ 지구력　⑩ 수정

총 문제 개수 (33) 개 　 총 맞은 개수 ( ) 개 　 총 틀린 개수 ( ) 개

글을 읽고 나서 오늘 공부를 신나게 시작하자고!

상식 쑥쑥 키우는 72

서양 식사 예절

　서양인들은 포크와 나이프로 식사를 하기 때문에 예절이 엄격합니다. 나이프는 절대로 가슴 높이 이상으로 들어서는 안 됩니다. 격식을 차린 식사는 전채 – 샐러드 – 수프 – 생선 요리 – 주 요리 – 후식 순으로 나온답니다.

　식탁 위에 놓인 냅킨은 무릎에 덮고 앉고, 포크와 나이프가 여러 개인 경우에는 바깥 쪽에 있는 것부터 차례로 씁니다. 음식은 한입에 들어갈 만한 크기로 썰어서 먹고, 일단 포크에 찍은 음식은 한입에 쏙 넣어야지 이로 베어 먹으면 안 됩니다. 식사 중에는 포크와 나이프를 접시 위에 놓습니다. 소금과 후추 등은 전달해 달라고 청하고, 자리를 뜰 때는 초대해 주신 분이나 가장 연장자가 일어나실 때까지 기다려야 합니다.

　소리를 내서 트림을 하거나 코를 푸는 것은 실례이고, 냅킨에 음식 외에 다른 것을 닦는 것도 예의에 어긋납니다.

머리 풀어주는 퍼즐

도전 시간	걸린 시간
00 분 50 초	분 초

창의사고력 기초 다지기 연상추리력 쏙~

주사위는 마주 보는 면의 합이 7이에요. 주사위를 아래 지시대로 몇 번 굴렸을 때, 보이는 면의 총 합은 얼마일까요?

보기

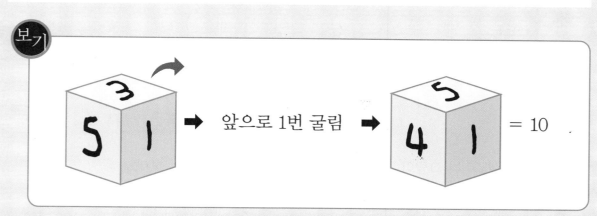

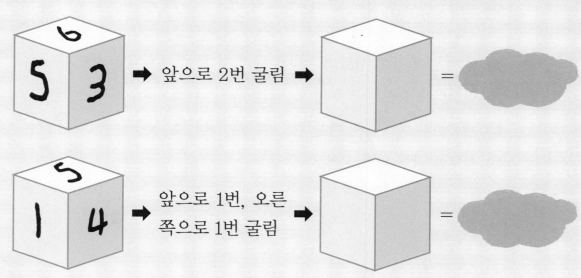

도전시간 9 분 00 초 걸린시간 분 초

1 가로세로 어휘 찾기

다음 네모에서 알고 있는 어휘를 찾아 동그라미를 해 보세요.

여기서 찾은 어휘로 2~6번 문제를 풀어요!

양	송	이	치	귀	얄	플	로	어	링
마	요	네	즈	합	판	바	밑	실	패
버	재	봉	틀	손	바	느	질	채	볶
터	벌	목	집	성	재	질	★	기	음
식	빵	노	루	발	★	선	주	먹	밥

내가 찾은 어휘 개

2 어휘 뜻 알기

다음 설명이나 그림이 뜻하는 어휘가 무엇인지 빈칸을 채워 보세요.

문제 개수 **8** 개

맞은 개수 개

틀린 개수 개

㉮ 돼지털이나 말총을 넓적하게 묶어 만드는 솔로 풀이나 옷을 칠할 때에 씀. ☐☐

㉯ 얇게 켜서 결이 서로 엇갈리게 여러 겹 붙여 만든 널빤지 ……… ☐☐

㉰ 멧갓이나 숲의 나무를 벰. ………………………… ☐☐

㉱ 재봉틀의 북에 감아 재봉 판 밑에 넣어 쓰는 실 ……… ☐☐

㉲ 마루를 까는 널빤지 …………………… ☐☐☐

㉳
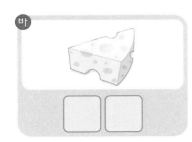
☐☐

㉴
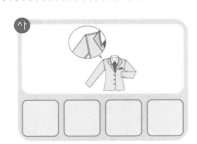
☐☐☐

㉵

☐☐☐

③ 비슷한 말 반대말 알기

다음에서 비슷한 뜻끼리 짝지어진 것에는 '='로, 반대의 뜻끼리 짝지어진 것에는 '↔'로 나타내거나, 부호에 알맞게 어휘를 채워 보세요.

문제 개수 **6** 개

맞은 개수 ⬭ 개

틀린 개수 ⬭ 개

베니어판	=	(㉮)
재봉틀	(㉯)	바느질틀
벌목	(㉰)	간목

밑실	(㉱)	윗실
바느질	(㉲)	재봉
버터	(㉳)	우락

④ 큰 말 작은 말 알기

어휘의 포함관계에 따라 '<' 또는 '>'로 나타내고, 그림의 위치에 알맞게 어휘를 넣어 보세요.

문제 개수 **9** 개

맞은 개수 ⬭ 개

틀린 개수 ⬭ 개

⑤ 관용어 알기

짝을 이루는 말을 찾아 동그라미를 하고, 그 말의 뜻을 보기 에서 찾아 번호를 쓰세요.

문제 개수 **4** 개

맞은 개수 ⬭ 개

틀린 개수 ⬭ 개

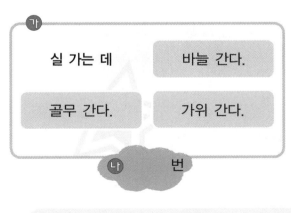

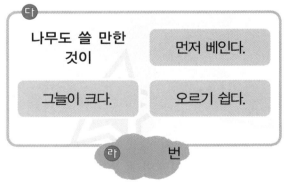

보기
① 둘이 항상 같이 다니고 떨어지지 않는다.
② 능력 있는 사람이 먼저 뽑혀 쓰인다.
③ 아무 데도 의지할 곳이 없다.

문제 개수 6 개

맞은 개수 ⬜ 개

틀린 개수 ⬜ 개

㉮ 바느질을 잘하는 사람은 해 놓은 ( )이 곱다.

㉯ 샌드위치용 빵에 ( )를 바르는 까닭은 빵이 수분을 흡수하는 것을 막기 위해서이다.

㉰ 도배를 하기 위해 아버지는 풀과 ( )을 챙기셨다.

㉱ 집 단장을 하며 마루에 새로 ( )을 깔았다.

㉲ 원목으로 원하는 모양을 구하기 어렵게 되자 사람들은 ( )을 만들어 사용했다.

㉳ '벌목'을 넣어 짧은 글짓기를 해 보세요.

→ _____

보기
① 귀얄 ② 플로어링 ③ 합판 ④ 밑실 ⑤ 벌목
⑥ 노루발 ⑦ 바느질선 ⑧ 치즈 ⑨ 버터 ⑩ 손바느질

총 문제 개수 (33) 개 │ 총 맞은 개수 ( ) 개 │ 총 틀린 개수 ( ) 개

생각하고 되새기는 7교시

함께하면 더 잘할 수 있어요

글을 읽고 나서 오늘 공부를 신나게 시작하자고!

은비네 조와 상모네 조가 부레옥잠 관찰 보고서를 누가 더 잘 쓰는지 경쟁하였습니다. 상모는 과학 영재반에 뽑힐 만큼 실력이 좋았고, 조원들도 과학을 아주 좋아합니다. 반면 은비네 조는 과학에 별로 관심도 없었고, 잘하지도 못했습니다.

상모네 조는 상모가 자신 있다며 조원들을 무시하고 혼자 보고서를 준비했습니다. 반면 은비네 조는 서로 역할을 나누었습니다. 누가 상을 탔을까요? 말 안해도 알겠지요. 한 사람의 힘은 약합니다. 하지만 여럿이 모이면 커다란 힘을 발휘한답니다. 서로 잘할 수 있는 일을 최대한 열심히 하여 팀의 약점을 보완하는 것, 이것이 바로 '팀워크' 랍니다.

머리 풀어주는 퍼즐

도전 시간	걸린 시간
02 분 00 초	분 초

창의사고력 기초 다지기 판단능력 쑥~

출발점에서 도착점까지 가장 빨리 갈 수 있는 방법은 모두 몇 가지일까요?

보기

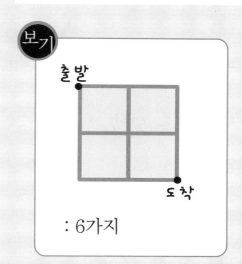

: 6가지

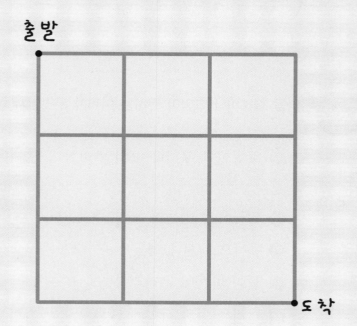

가지

낱말이 쏙 생각이 쑥

1 가로세로 어휘 찾기

다음 네모에서 알고 있는 어휘를 찾아 동그라미를 해 보세요.

여기서 찾은 어휘로 2~6번 문제를 풀어요!

화	친	관	계	사	안	★	정	추	앙
한	함	사	신	비	동	토	벌	★	풍
강	락	웅	진	성	도	보	관	작	월
유	옹	립	섭	정	호	루	정	변	주
역	웅	진	도	독	부	천	리	장	성

내가 찾은 어휘 　　 개

2 어휘 뜻 알기

다음 설명이나 그림이 뜻하는 어휘가 무엇인지 빈칸을 채워 보세요.

문제 개수 8 개

맞은 개수 　 개

틀린 개수 　 개

> 가 혁명이나 쿠데타 따위의 비합법적인 수단으로 생긴 정치상의 큰 변동 ·········· [　][　]
>
> 나 임금으로 받들어 모심. ·········· [　][　]
>
> 다 무력으로 쳐 없앰. ·········· [토][　]
>
> 라 높이 받들어 우러러봄. ·········· [　][　]
>
> 마 나라와 나라 사이에 다툼 없이 가까이 지냄. ······· [　][　][관][계]

바
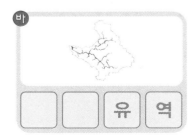
[　][　][유][역]

사

[　][　][장][성]

아

[　][　]

82

다음에서 비슷한 뜻끼리 짝지어진 것에는 '='로, 반대의 뜻끼리 짝지어진 것에는 '↔'로 나타내거나, 부호에 알맞게 어휘를 채워 보세요.

문제 개수 6 개

맞은 개수 ( ) 개

틀린 개수 ( ) 개

정벌	=	(가)
추앙	(나)	추존
옹립	(다)	영립

화친	(라)	절화
풍월주	(마)	화랑
섭정	(바)	섭리

큰 말
작은 말 알기

어휘의 포함관계에 따라 '<' 또는 '>'로 나타내고, 그림의 위치에 알맞게 어휘를 넣어 보세요.

문제 개수 9 개

맞은 개수 ( ) 개

틀린 개수 ( ) 개

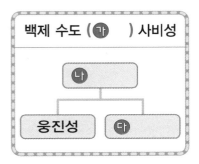

백제 수도 (가) 사비성

나

웅진성   다

정변 (라) 무신정변

마

갑신정변   바

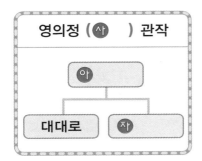

영의정 (사) 관작

아

대대로   자

관용어
알기

짝을 이루는 말을 찾아 동그라미를 하고, 그 말의 뜻을 보기 에서 찾아 번호를 쓰세요.

문제 개수 4 개

맞은 개수 ( ) 개

틀린 개수 ( ) 개

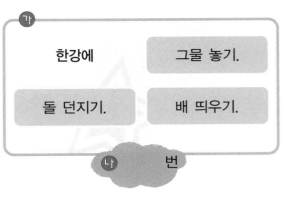

가

한강에   그물 놓기.

돌 던지기.   배 띄우기.

나   번

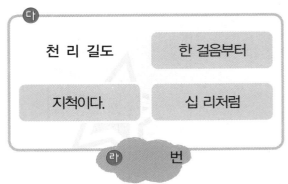

다

천 리 길도   한 걸음부터

지척이다.   십 리처럼

라   번

보기

① 말은 순식간에 천 리 밖까지도 퍼진다.

② 무슨 일이나 그 일의 시작이 중요하다.

③ 어떤 사물이 지나치게 미미하여 일을 하는 데에 효과나 영향이 전혀 없다.

6 어휘 활용하기 다음 ㉮ ~ ㉲의 ( )에 알맞은 어휘를 보기에서 찾아 번호를 쓰고, ㉳의 질문에 답해 보세요.

문제 개수 **6** 개

맞은 개수 ___ 개

틀린 개수 ___ 개

㉮ 어린 왕자가 왕위에 오르자 대비가 뒤에서 정치를 돌보는 ( )이 시작되었다.

㉯ ( )은 기름진 땅과 풍부한 물자, 강을 이용한 교통이 발달한 곳이었다.

㉰ 김춘추는 김유신과 다른 지지자들에게 왕으로 ( ) 되었다.

㉱ 통일신라의 군사들이 웅진도독부를 차지하고 있던 당나라 군사들을 ( ) 하였다.

㉲ 연개소문은 당의 침입에 대비해 부여성에서 사비성까지 ( )을 쌓았다.

㉳ '천 리 길도 한 걸음부터'라는 말이 생각나는 상황을 써 보세요.

→ _____

보기
① 추앙   ② 토벌   ③ 옹립   ④ 정변   ⑤ 한강 유역
⑥ 천리장성   ⑦ 섭정   ⑧ 관작   ⑨ 풍월주   ⑩ 화친 관계

총 문제 개수 (33) 개   총 맞은 개수 ( ) 개   총 틀린 개수 ( ) 개

글을 읽고 나서 오늘 공부를 신나게 시작하자고!

상식 쑥쑥 키우는 72 옷을 입는 이유

영서는 예쁜 얼굴에 걸맞게 옷도 아주 멋지게 입고 다녀요. 오늘은 어제부터 일기예보에서 날이 갑자기 추워져서 영하로 내려갈 거라고 했어요. 그런데도 영서는 짧은 치마에 스타킹, 검은 구두 차림이었고, 태훈이는 솜바지와 큰 잠바를 입었어요. 선생님은 "너희들 옷을 보니 사람들이 왜 옷을 입는지 알겠구나."라고 말씀하셨어요. 그러면서 옷을 입는 이유를 설명하셨어요.

"첫째, 태훈이의 옷차림처럼 몸을 추위와 더위에서 보호하기 위해서 옷을 입어요. 둘째, 옷은 남보다 예쁘게 보이기 위해서 몸을 꾸미는 기능을 해요. 영서 옷차림이죠. 마지막으로, 옷차림은 자기 신분이나 지위, 소속을 나타내기도 하는데, 내 옷차림이 그렇죠?"

선생님은 무릎 바로 아래까지 내려오는 빨간 치마에 하얀색 블라우스를 입고, 그 위에 검은색 코트를 걸치셨답니다.

머리 풀어주는

공부를 시작할 때도
준비운동이 필요하다고!
하나둘 하나둘

도전 시간	걸린 시간 ①
00 분 15 초	분 초

창의사고력 기초 다지기 정보처리능력 쑥~

거울에 비친 모습을 원래대로 바꿔 색칠해 보세요.

보기

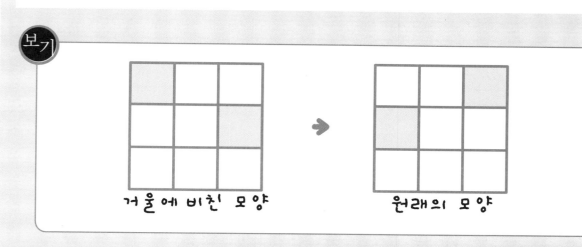

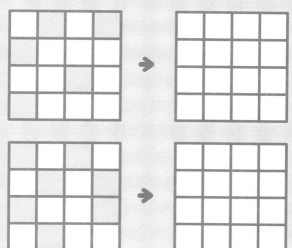

낱말이 쏙 생각이 쑥

1 가로세로 어휘 찾기

다음 네모에서 알고 있는 어휘를 찾아 동그라미를 해 보세요.

여기서 찾은 어휘로 2~6 번 문제를 풀어요!

떡	쌀	시	늉	곳	집	목	수	설	뾰
조	무	래	기	꽃	들	공	출	렘	로
돌	림	병	★	상	쓴	다	짐	적	통
고	논	두	렁	여	근	전	염	수	하
봉	의	기	양	양	동	묵	직	하	다

내가 찾은 어휘 　 개

2 어휘 뜻 알기

다음 설명이나 그림이 뜻하는 어휘가 무엇인지 빈칸을 채워 보세요.

문제 개수 8 개

맞은 개수 　 개

틀린 개수 　 개

㉮ 어떤 모양이나 움직임을 흉내 내어 꾸미는 짓 ·············· ☐☐

㉯ 상여를 넣어두고 보관하던 집 ·························· ☐☐

㉰ 자질구레한 물건 또는 어린아이들을 낮잡아 이르는 말 ☐☐☐☐

㉱ 뜻한 바를 이루어 만족한 마음이 얼굴에 나타난 모양 ·· ☐☐☐

㉲ 못마땅하여 얼굴에 성난 빛이 나타나 있다. ···· ☐☐☐ 하 다

㉳
꽃 ☐ ☐

㉴
☐ ☐

㉵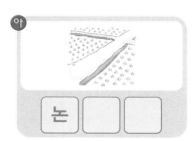
논 ☐ ☐

3 비슷한 말 반대말 알기

다음에서 비슷한 뜻끼리 짝지어진 것에는 '='로, 반대의 뜻끼리 짝지어진 것에는 '↔'로 나타내거나, 부호에 알맞게 어휘를 채워 보세요.

흉내	=	(㉮)
돌림병	(㉯)	전염병
들쓴	(㉰)	뒤집어 쓴

근동	(㉣)	이웃
의기양양	(㉤)	의기소침
묵직하다	(㉥)	가볍다

---

4 큰 말 작은 말 알기

어휘의 포함관계에 따라 '＜' 또는 '＞'로 나타내고, 그림의 위치에 알맞게 어휘를 넣어 보세요.

논두렁 (㉮) 두둑

㉯

밭두렁 — ㉰

꽃상여 (㉣) 장례 도구

㉤

상복 — ㉥

표정 (㉦) 뾰로통

㉧

어리둥절 — ㉨

---

5 관용어 알기

짝을 이루는 말을 찾아 동그라미를 하고, 그 말의 뜻을 보기 에서 찾아 번호를 쓰세요.

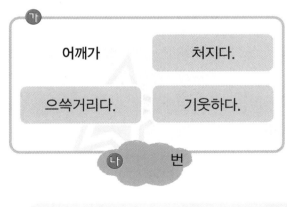

㉮

어깨가   처지다.

으쓱거리다.   기웃하다.

㉯   번

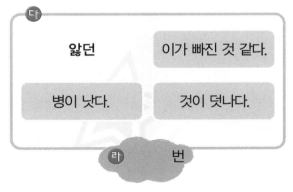

㉰

앓던   이가 빠진 것 같다.

병이 낫다.   것이 덧나다.

㉣   번

보기

① 뽐내고 싶은 기분이나 떳떳하고 자랑스러운 기분이 되다.
② 걱정거리가 없어져서 후련하다.
③ 무거운 책임감에 괴로움을 느끼다.

6 어휘 활용하기

다음 ㉮~㉲의 ( )에 알맞은 어휘를 보기에서 찾아 번호를 쓰고, ㉳의 질문에 답해 보세요.

문제 개수 6 개

맞은 개수 ◯ 개

틀린 개수 ◯ 개

㉮ 게임에서 이긴 경수는 보란 듯이 웃으며 ( )해 했다.

㉯ 그는 죽으라면 죽는( )까지 할 사람이다.

㉰ 머슴은 일을 많이 해야 했기 때문에 밥을 ( )으로 퍼 주었다.

㉱ 마을 사람 대부분이 ( )으로 죽자 얼마 남은 사람들마저도 마을을 떠나갔다.

㉲ 엿장수의 가위 소리에 동네( )들은 누가 먼저랄 것도 없이 모여들었다.

㉳ '어깨가 으쓱거리다.'라는 말이 생각나는 상황을 써 보세요.

→ _____

보기
① 시늉 ② 곳집 ③ 뾰로통한 ④ 조무래기 ⑤ 의기양양
⑥ 꽃상여 ⑦ 고봉 ⑧ 논두렁 ⑨ 돌림병 ⑩ 설렘

총 문제 개수 25 개 : 총 맞은 개수 ◯ 개 : 총 틀린 개수 ◯ 개

글을 읽고 나서 오늘 공부를 신나게 시작하자고!

마음에 힘이 되는

춤추는 베토벤

　세계적인 춤꾼이자 안무가인 이광석은 힙합에서 발레, 현대무용까지 다양한 장르의 춤을 소화하며 국제 무대에서 많은 상을 받기도 했습니다. 그런데 그는 잘 듣지 못한답니다. 그래서 그를 '춤추는 베토벤'이라고 부른답니다.

　그는 비보이 출신입니다. 춤이 너무 좋았고 제대로 배워 보고 싶어서 대학에 진학했습니다. 대학에서 현대무용을 배울 때는 청력이 크게 문제가 되지 않았습니다. 음악을 크게 틀어 놓고 춤을 추었으니까요. 하지만 발레 공연을 위해 클래식 음악에 맞춰 춤을 춰야 했을 때는 박자를 세기조차 힘들었답니다. 무용수가 될 수 없을 어려움에 처했지요.

　하지만 그는 헤드폰을 끼고 모든 곡의 박자를 완전히 외워 버렸답니다. 그 덕분에 뛰어난 기량을 마음껏 표현할 수 있었지요. 어린이 여러분! 지금 하는 일이 어렵나요? 춤추는 베토벤 이광석을 생각하며 노력해 보세요. 그러면 무엇이든 이룰 수 있답니다.

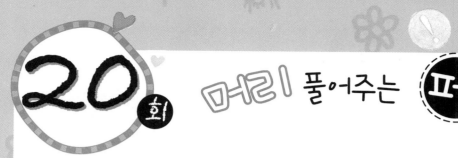 

도전 시간	걸린 시간
00 분 30 초	분 초

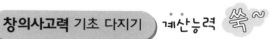 창의사고력 기초 다지기 계산능력 쑥~

미로를 통과하면서 나오는 숫자를 모두 더해 보세요. 얼마일까요?

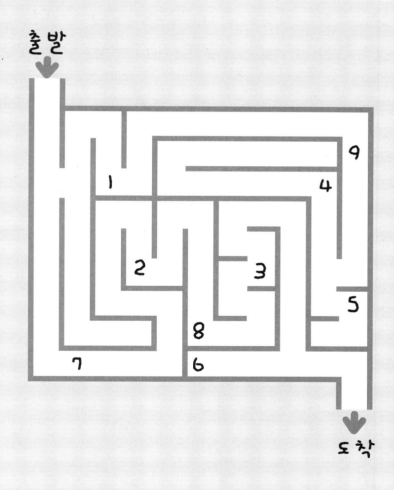

도전시간 | 12 분 | 00 초
걸린시간 | 분 | 초

1 가로세로 어휘 찾기

다음 네모에서 알고 있는 어휘를 찾아 동그라미를 해 보세요.

여기서 찾은 어휘로 2~6번 문제를 풀어요!

변	비	갈	증	척	수	연	체	동	물
반	말	초	신	경	계	환	★	강	장
응	현	미	경	육	지	형	양	서	류
신	청	각	감	각	기	관	깃	털	분
장	★	후	각	★	★	피	부	조	류

내가 찾은 어휘 ⬜ 개

2 어휘 뜻 알기

다음 설명이나 그림이 뜻하는 어휘가 무엇인지 빈칸을 채워 보세요.

문제 개수 **8** 개

맞은 개수 ⬜ 개

틀린 개수 ⬜ 개

㉮ 목이 말라 물을 마시고 싶은 느낌 ················· ⬜⬜

㉯ 척추의 관 속에 있는 중추 신경 ················· ⬜⬜

㉰ 생물이 자신의 몸과 주위에서 일어나는 각종 변화를 감지하고 종합하여 적절한 반응을 일으키도록 하는 구조 ················· ⬜⬜

㉱ 어류와 파충류의 중간으로 땅 위나 물 속에서 사는 동물 ··· ⬜ 류

㉲ 동물의 몸에서 외부의 감각을 받아들이고 느끼는 기관 ⬜ ⬜ 기 관

㉳
⬜ ⬜ 동 물

㉴
⬜ ⬜ ⬜

㉵
⬜ ⬜

③ 비슷한 말 반대말 알기

문제 개수 6 개

맞은 개수 ⬚ 개

틀린 개수 ⬚ 개

다음에서 비슷한 뜻끼리 짝지어진 것에는 '='로, 반대의 뜻끼리 짝지어진 것에는 '↔'로 나타내거나, 부호에 알맞게 어휘를 채워 보세요.

갈급증	=	(가)		분류	(라)	구분
척수	(나)	등골		피부	(마)	살갗
육지	(다)	바다		감각	(바)	느낌

④ 큰 말 작은 말 알기

문제 개수 9 개

맞은 개수 ⬚ 개

틀린 개수 ⬚ 개

어휘의 포함관계에 따라 '<' 또는 '>'로 나타내고, 그림의 위치에 알맞게 어휘를 넣어 보세요.

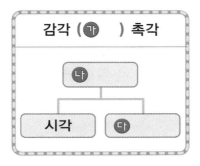

감각 (가) 촉각

나 — 시각, 다

연체동물 (라) 오징어

마 — 조개, 바

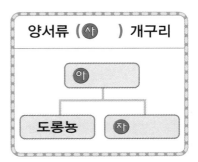

양서류 (사) 개구리

아 — 도롱뇽, 자

⑤ 관용어 알기

문제 개수 4 개

맞은 개수 ⬚ 개

틀린 개수 ⬚ 개

짝을 이루는 말을 찾아 동그라미를 하고, 그 말의 뜻을 보기 에서 찾아 번호를 쓰세요.

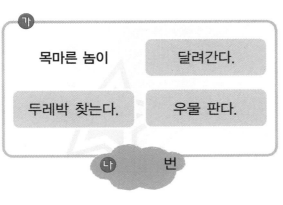

가

목마른 놈이   달려간다.

두레박 찾는다.   우물 판다.

나   번

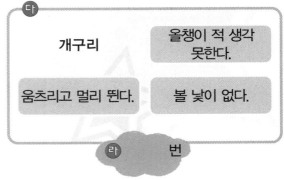

다

개구리   올챙이 적 생각 못한다.

움츠리고 멀리 뛴다.   볼 낯이 없다.

라   번

보기

① 성공한 후 어렵던 때를 생각지 아니하고 처음부터 잘난 듯이 뽐내다.

② 같은 현상도 어떤 기분 상태에서 대하느냐에 따라 좋게도 보이고 나쁘게도 보인다.

③ 제일 급하고 필요한 사람이 그 일을 서둘러 한다.

6 어휘 활용하기

다음 ㉮~㉲의 ( )에 알맞은 어휘를 보기 에서 찾아 번호를 쓰고, ㉳의 질문에 답해 보세요.

문제 개수 **6** 개

맞은 개수 ⬜ 개

틀린 개수 ⬜ 개

㉮ 달리기를 하고 나면 땀이 차고 ( )이 난다.

㉯ 조개는 단단한 껍질을 갖고 있지만 오징어처럼 ( )이다.

㉰ 사람 발자국 소리에 놀란 어미 새가 ( )을 바짝 세운 채 움직이지 않고 있다.

㉱ 나는 내 볼을 꼬집어 보았지만 아무런 ( )이 없었다.

㉲ 머리카락을 ( )으로 관찰하면 작은 비늘이 엮여 있는 것처럼 보인다.

㉳ '개구리 올챙이 적 생각 못한다.'라는 말이 생각나는 상황을 써 보세요.

→ _____

보기
① 갈증 ② 척수 ③ 신경 ④ 양서류 ⑤ 감각
⑥ 연체동물 ⑦ 현미경 ⑧ 후각 ⑨ 강장동물 ⑩ 피부

총 문제 개수 ⟨33⟩ 개 | 총 맞은 개수 ◯ 개 | 총 틀린 개수 ◯ 개

글을 읽고 나서 오늘 공부를 신나게 시작하자고!

상식 쑥쑥 키우는

헬스클럽 트레이너

　　배용준, 권상우, 소지섭, 비 같은 몸짱 배우들 뒤에는 항상 철저한 트레이너가 있습니다. 트레이너의 지시에 따라 음식을 조절하고 운동을 해서 멋진 몸을 만들었어요.

　　어떻게 하면 트레이너가 될 수 있을까요? 사실 트레이너들은 공부를 많이 해야 해요. 우리 몸의 구조와 운동 원리에 대한 전문적인 지식은 물론이고, 각종 질병, 특히 성인병에 대한 공부도 해야 해요. 요통 환자, 무릎 환자, 기타 여러 질병에 시달리는 사람에게 알맞은 운동 치료 지식도 알아야 하고요. 공부를 하고 시험에 응시해서 자격을 따면 트레이너가 될 수 있어요.

　　자격시험은 실기·연수·필기시험에 합격하면 됩니다. 자격시험은 2종류가 있는데, 경기지도자는 전문 선수를 지도하고 생활체육지도자는 일반인을 지도할 수 있는 자격이지요.

21회 머리 풀어주는

도전 시간	걸린 시간
00 분 40 초	분 초

창의사고력 기초 다지기 주의집중력 쑥~

다음 그림에서 'ㄱ' 모양, 'ㄷ' 모양, 'ㄹ' 모양은 각각 몇 개씩 숨어 있을까요?

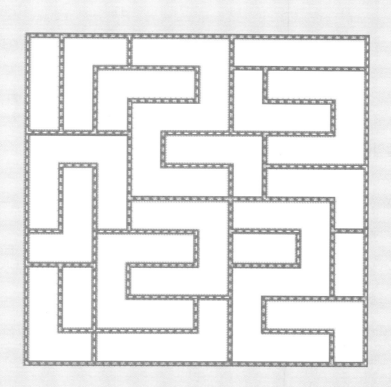

ㄱ 모양 :　　개　　　　ㄷ 모양 :　　개　　　　ㄹ 모양 :　　개

날말이 쏙 생각이 쑥

도전시간 14 분 00 초   걸린시간 □ 분 □ 초

1 가로세로 어휘 찾기

다음 네모에서 알고 있는 어휘를 찾아 동그라미를 해 보세요.

여기서 찾은 어휘로 2~6 번 문제를 풀어요!

분	★	공	판	★	경	쟁	장	벽	경
단	물	동	문	도	지	리	밭	합	의
번	자	체	점	로	동	포	휴	전	선
영	귀	순	자	망	비	무	장	지	대
환	경	마	크	곽	밥	언	덕	배	기

내가 찾은 어휘 □ 개

2 어휘 뜻 알기

다음 설명이나 그림이 뜻하는 어휘가 무엇인지 빈칸을 채워 보세요.

문제 개수 8 개

맞은 개수 □ 개

틀린 개수 □ 개

㉮ 휴전 협정이 조인된 곳으로 군사 분계선에 걸쳐 있는 마을 ·· □□□

㉯ 서로 의견이 일치함. 또는 그 의견 ·········· □□

㉰ 서울과 신의주 사이를 잇는 철도 ·········· □□

㉱ 지뢰가 여기저기 많이 묻혀 있는 지역 ············· □ 밭

㉲ 전쟁 중인 나라가 협정을 통해 군사 시설이나 인원을 배치하지 않은 지대
············· □□ 지 대

㉳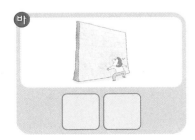
□□

㉴
□□ 마 크

㉵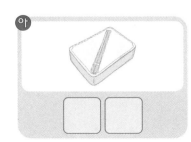
□□

비슷한 말 반대말 알기

다음에서 비슷한 뜻끼리 짝지어진 것에는 '='로, 반대의 뜻끼리 짝지어진 것에는 '↔'로 나타내거나, 부호에 알맞게 어휘를 채워 보세요.

곽밥	=	(㉮)
동포	(㉯)	외적
물자	(㉰)	자원

단물	(㉣)	쥬스
합의	(㉤)	논란
휴전선	(㉥)	삼팔선

큰 말 작은 말 알기

어휘의 포함관계에 따라 '<' 또는 '>'로 나타내고, 그림의 위치에 알맞게 어휘를 넣어 보세요.

휴전선 (㉮   ) 분단

㉯

판문점 ㉰

북한말 (㉣   ) 곽밥

㉤

단물 ㉥

교민 (㉧   ) 동포

㉨

북한 주민 ㉩

관용어 알기

짝을 이루는 말을 찾아 동그라미를 하고, 그 말의 뜻을 보기 에서 찾아 번호를 쓰세요.

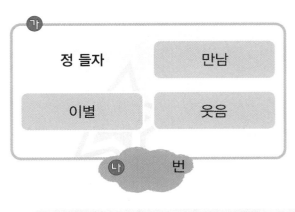

㉮

정 들자   만남

이별   웃음

㉯   번

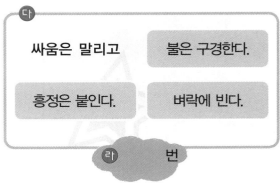

㉰

싸움은 말리고   불은 구경한다.

흥정은 붙인다.   벼락에 빈다.

㉣   번

보기
① 나쁜 일은 말리고 좋은 일은 권해야 한다.
② 만나서 얼마 되지 아니하여 곧 헤어지다.
③ 남의 형편을 헤아려 생각하다.

95

6 어휘 활용하기

다음 ㉮~㉲의 ( )에 알맞은 어휘를 보기 에서 찾아 번호를 쓰고, ㉳의 질문에 답해 보세요.

문제 개수 **6** 개

맞은 개수 ___ 개

틀린 개수 ___ 개

㉮ 거미줄처럼 얽힌 전국의 ( )을 통해 수출 물자들이 운반된다.

㉯ 외국에 있는 ( )들은 우리 문화를 해외에 알리는 민간 외교관이다.

㉰ 분단이라는 ( )에 막혀 남북 이산가족들은 서로를 그리워할 뿐이다.

㉱ 남과 북이 경의선을 연결하기로 ( )했다는 기사가 났다.

㉲ ( )는 생산과 소비 과정에서 자원을 덜 소비하고 오염을 적게 일으키는 제품에 찍고 있다.

㉳ '정들자 이별'이라는 말이 생각나는 상황을 써 보세요.

➡ _____

보기
① 합의　② 경의선　③ 지뢰밭　④ 장벽　⑤ 환경 마크
⑥ 곽밥　⑦ 분단　⑧ 도로망　⑨ 동포　⑩ 휴전선

총 문제 개수 **33** 개 ┊ 총 맞은 개수 ◯ 개 ┊ 총 틀린 개수 ◯ 개

좋은 습관 다지는 **72일**

인순고식

글을 읽고 나서 오늘 공부를 신나게 시작하자고!

　소설 양반전으로 유명한 연암 박지원이 늘그막에 늘 하던 말이 있습니다. "인순고식 구차미봉(因循姑息, 苟且彌縫), 천하의 모든 일이 이 때문에 무너진다." 인순고식이란 낡은 습관을 따르며 당장의 편안함만 취하는 태도고, 구차미봉은 대충 해치우고 임시변통으로 메우는 수법을 말합니다. 박지원이 나랏일을 걱정하며 한 말이지만, 개인에게도 들어맞는답니다.

　나쁜 버릇은 주로 자기 몸 하나 편하고자 할 때나, 자기 욕심을 부리는 데서 생기는 경우가 많아요. 정리 정돈하지 않는 버릇, 자기 일을 스스로 안 하는 버릇, 욕심 부리는 버릇 또는 대충하고 그 순간만 모면하려는 버릇 등은 사람의 발전을 방해하는 안 좋은 버릇이에요. 좋은 버릇은 사람을 크게 만들지만 나쁜 버릇은 사람의 인생을 망칠 수도 있어요.

머리 풀어주는 퍼즐

도전 시간	걸린 시간
00 분 15 초	분 초

창의사고력 기초 다지기 연상추리력 쑥~

다음 빈칸에 들어갈 숫자를 규칙을 생각하면서 채워 넣으세요.

 보기

2, 5, 8, 11, 14, 17, (20)

7, 14, 21, 28, 35, 42, (   )

3, 9, 27, 81, (   ), 729, 2187

32, 27, 22, 17, 12, (   ), 2

64, 32, 16, (   ), 4, 2, 1

10, 11, 13, 16, 20, 25, (   )

날말이 쏙 생각이 쑥

1 가로세로 어휘 찾기

다음 네모에서 알고 있는 어휘를 찾아 동그라미를 해 보세요.

여기서 찾은 어휘로 2~6번 문제를 풀어요!

면	역	능	력	재	난	환	불	질	식
중	천	공	저	처	방	각	면	악	마
금	재	중	항	부	패	제	증	취	약
속	지	보	력	아	나	바	다	운	동
★	변	건	공	해	병	약	물	남	용

내가 찾은 어휘 　　개

2 어휘 뜻 알기

다음 설명이나 그림이 뜻하는 어휘가 무엇인지 빈칸을 채워 보세요.

문제 개수 8 개

맞은 개수 　　개

틀린 개수 　　개

㉮ 숨통이 막히거나 산소가 부족하여 숨을 쉴 수 없게 됨. ……… ☐ ☐

㉯ 수질 오염이나 대기 오염 따위의 공해 때문에 생기는 질병 ☐ ☐ 병

㉰ 병을 치료하기 위하여 증상에 따라 약을 짓는 방법 ……… ☐ ☐

㉱ 마치 어떤 사물이 있는 것처럼 느끼도록 만드는 약 ……… ☐ ☐ 제

㉲ 몸속에 들어온 병균에 대항하는 항체를 만들어 그 병에 걸리지 않도록 하는
능력 ……………………………………… ☐ ☐ 능 력

㉳

☐ ☐

㉴

☐ ☐ ☐ 운 동

㉵
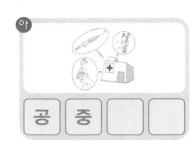
공 중 ☐ ☐

비슷한 말
반대말 알기

다음에서 비슷한 뜻끼리 짝지어진 것에는 '='로, 반대의 뜻끼리 짝지어진 것에는 '↔'로 나타내거나, 부호에 알맞게 어휘를 채워 보세요.

문제 개수 6 개

맞은 개수 ⬜ 개

틀린 개수 ⬜ 개

재앙	=	(가)
악취	(나)	향기
처방	(다)	약방문

천재지변	(라)	천지재변
불면증	(마)	수면병
부패	(바)	신선

큰 말
작은 말 알기

어휘의 포함관계에 따라 '<' 또는 ' >'로 나타내고, 그림의 위치에 알맞게 어휘를 넣어 보세요.

문제 개수 9 개

맞은 개수 ⬜ 개

틀린 개수 ⬜ 개

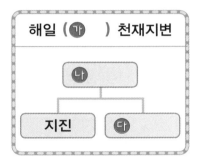

해일 (가) 천재지변

나

지진 | 다

아나바다 (라) 나눠 쓰기

마

아껴 쓰기 | 바

미나마타병 (사) 공해병

아

이따이병 | 자

관용어 알기

짝을 이루는 말을 찾아 동그라미를 하고, 그 말의 뜻을 보기 에서 찾아 번호를 쓰세요.

문제 개수 4 개

맞은 개수 ⬜ 개

틀린 개수 ⬜ 개

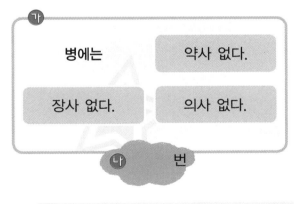

가

병에는 | 약사 없다.

장사 없다. | 의사 없다.

나 번

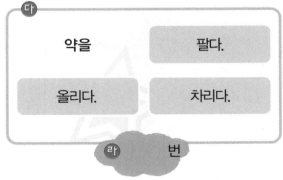

다

약을 | 팔다.

올리다. | 차리다.

라 번

보기

① 아무리 건강한 사람도 병에 걸리면 맥을 못 춘다.
② 아무리 애써 구하려고 해도 조금도 구할 수 없다.
③ 이것저것 끌어대어 입담 좋게 이야기를 늘어놓다.

6 어휘 활용하기

다음 ㉮~㉺의 ( )에 알맞은 어휘를 보기 에서 찾아 번호를 쓰고, ㉲의 질문에 답해 보세요.

문제 개수 **6** 개

맞은 개수 ( ) 개

틀린 개수 ( ) 개

㉮ 어린아이는 ( )이 어른에 비해 약해 질병에 걸리기 쉽다.

㉯ 오염된 공기 속의 ( )이 우리 몸에 들어와 쌓여 병을 일으키기도 한다.

㉰ 병원에서 진료를 통해 ( )을 받은 후 약국에서 약을 짓는다.

㉱ ( ) 운동은 에너지와 자원을 절약하는 좋은 방법이다.

㉲ 119 소방대원들은 불을 끄기도 하지만 ( ) 지역에 나가 구호활동을 하기도 한다.

㉳ '약을 팔다.'라는 말을 넣어 짧은 글을 지어 보세요.

➡ _____

보기 ① 면역 능력 ② 질식 ③ 중금속 ④ 처방 ⑤ 환각제
⑥ 재난 ⑦ 악취 ⑧ 아나바다 ⑨ 천재지변 ⑩ 공중 보건

총 문제 개수 (33)개 | 총 맞은 개수 ( )개 | 총 틀린 개수 ( )개

글을 읽고 나서 오늘 공부를 신나게 시작하자고!

상식 쑥쑥 키우는 7교시

냉장고 발전사

옛날부터 사람들은 음식을 차게 보관하면 상하지 않는다는 걸 알았어요. 우리나라는 신라 시대부터 석빙고를 두어 겨울에 강에서 얼음을 채취했다가 여름까지 썼다고 해요. 지금 남아 있는 것은 모두 조선시대 것이래요. 마을 이름인 동빙고동, 서빙고동은 얼음 창고가 있던 곳에서 유래했지요.

1834년 영국의 퍼킨스가 에테르를 압축하여 냉동제로 쓰면서 가정용 냉장고가 탄생했습니다. 우리나라의 최초 냉장고는 1965년 지금의 LG인 금성에서 처음 만들었어요.

지금은 일반 냉장고뿐 아니라 김치 냉장고, 와인 냉장고, 화장품 냉장고, 쌀 냉장고, 차 안에 두는 차량 냉장고 등도 개발되어 널리 쓰이고 있어요.

머리 풀어주는 퍼즐

창의사고력 기초 다지기 판단능력 쑥~

다음 도형은 한붓그리기가 가능한 도형입니다. 연필을 떼지 않고, 지나 간 곳을 다시 지나가지 않도록 한번에 그려보세요.

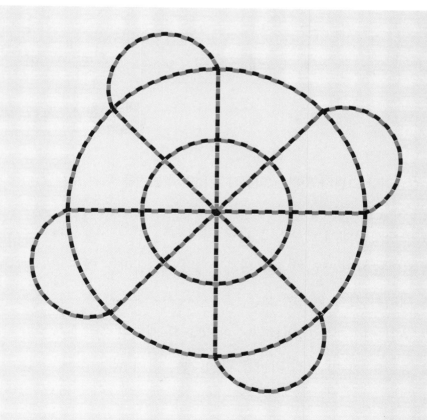

1 가로세로 어휘 찾기

다음 네모에서 알고 있는 어휘를 찾아 동그라미를 해 보세요.

여기서 찾은 어휘로 2~6번 문제를 풀어요!

대	패	실	조	부	부	화	기	계	유
양	날	톱	립	업	배	합	사	료	용
장	자	애	되	새	김	질	육	방	하
도	종	란	사	포	가	금	류	역	다
리	곱	자	애	완	동	물	마	름	질

내가 찾은 어휘 ◯ 개

2 어휘 뜻 알기

다음 설명이나 그림이 뜻하는 어휘가 무엇인지 빈칸을 채워 보세요.

문제 개수 8 개

맞은 개수 ◯ 개

틀린 개수 ◯ 개

㉮ 아랫사람에게 베푸는 도타운 사랑 ·········· ☐☐

㉯ 전염병이 발생하거나 유행하는 것을 미리 막는 일 ··· ☐☐

㉰ 새끼를 까기 위하여 쓰는 알 ············· ☐☐

㉱ 옷감이나 재목 따위를 치수에 맞도록 재거나 자르는 일 ··· ☐☐

㉲ 동물이 한 번 삼킨 먹이를 다시 게워 내어 씹는 짓 ··· ☐☐☐

㉳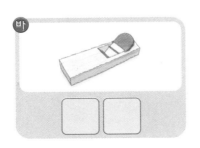
☐☐

㉴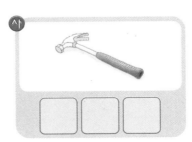
☐☐☐

㉵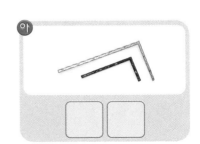
☐☐

다음에서 비슷한 뜻끼리 짝지어진 것에는 '='로, 반대의 뜻끼리 짝지어진 것에는 '↔'로 나타내거나, 부호에 알맞게 어휘를 채워 보세요.

씨알	=	(㉮)
조립	(㉯)	해체
부업	(㉰)	본업

사포	(㉭)	연마지
마름질	(㉱)	재단
유용하다	(㉲)	쓸모 있다

어휘의 포함관계에 따라 '<' 또는 '>'로 나타내고, 그림의 위치에 알맞게 어휘를 넣어 보세요.

오리 (㉮   ) 가금류

㉯

칠면조 | ㉰

애완동물 (㉭   ) 고양이

㉱

개 | ㉲

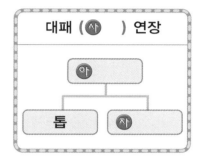

대패 (㉺   ) 연장

㉻

톱 | ㉼

짝을 이루는 말을 찾아 동그라미를 하고, 그 말의 뜻을 보기에서 찾아 번호를 쓰세요.

㉮
고기는   씹어야 맛을 안다.
그물이 커야 잡는다.   며느리도 모른다.

㉯   번

㉰
씨알이   놓다.
까다.   먹다.

㉱   번

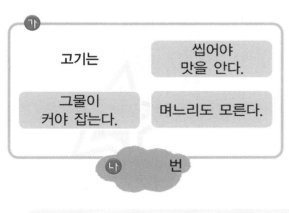
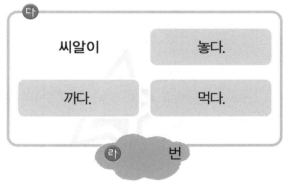

보기

① 무슨 일인지 그 내용도 모르고 건성으로 넘기다.
② 말이나 행동이 조리에 맞고 실속이 있다.
③ 무엇이든 바로 알려면 실제로 겪어 봐야 한다.

6 어휘 활용하기

다음 ㉮~㉳의 ( )에 알맞은 어휘를 [보기]에서 찾아 번호를 쓰고, ㉴의 질문에 답해 보세요.

문제 개수 **6개**

맞은 개수 ⬜ 개

틀린 개수 ⬜ 개

㉮ 여름이 되자 소독차가 자주 다니면서 동네를 ( )하고 있다.

㉯ 엄마가 ( )해 주신 천으로 누나가 바느질을 한다.

㉰ 할머니께서 만들어 주신 주머니를 준비물 주머니로 ( ) 쓰고 있다.

㉱ 동생이 뭔가를 오물오물거리는 모습이 소가 ( )하는 것과 닮아 보였다.

㉲ 엄마는 ( )으로 아침이면 우유 배달을 하고 계신다.

㉳ '씨알이 먹다.'라는 말이 생각나는 상황을 써 보세요.

➡

[보기]
① 자애 ② 되새김질 ③ 방역 ④ 종란 ⑤ 마름질
⑥ 대패 ⑦ 장도리 ⑧ 조립 ⑨ 부업 ⑩ 유용하게

총 문제 개수 ㉝개 | 총 맞은 개수 ⬜개 | 총 틀린 개수 ⬜개

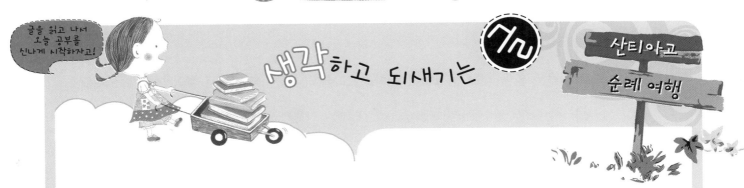

글을 읽고 나서 오늘 공부를 신나게 시작하자고!

생각하고 되새기는

산티아고 순례 여행

요즘에는 외국 여행을 다니는 사람이 많아졌어요. 친구들 중에서도 외국에 가 본 친구들이 있을 거예요. 여행은 사람을 자라게 하지요. 낯선 문화와 사람들을 만나면서 자신에 대해 생각할 기회가 많아지거든요.

여행자들에게 사랑받는 멋진 길이 있답니다. 프랑스 끝에서 출발하여 피레네 산맥을 넘어 스페인을 가로질러 산티아고까지 가는 800킬로미터 순례 길이에요. 그것도 걸어서요. 50일쯤은 잡아야 한대요. 그 길을 다녀온 사람들은 쉽지는 않지만, 꼭 한 번 이 길을 다녀오라고 권해요.

여행 중에는 너무 힘들어서 내가 여기 왜 왔는지를 잊어버릴 정도지만 온전히 자기와 마주할 수 있다고 하네요. 여러분도 나를 키우고, 나를 마주하는 이 여행에 도전해 보세요. 지금 당장은 힘들지만 나이를 조금 더 먹으면요.

머리 풀어주는 퍼즐

도전 시간		걸린 시간	
00 분	15 초	분	초

창의사고력 기초 다지기 정보처리능력 쑥~

아래의 설명에 따라 시계를 완성해 보세요.

3시간 30분 뒤

5시간 20분 뒤

낱말이 쏙 생각이 쑥

1 가로세로 어휘 찾기

여기서 찾은 어휘로 2~6 번 문제를 풀어요!

다음 네모에서 알고 있는 어휘를 찾아 동그라미를 해 보세요.

억	류	신	라	방	정	불	국	사	직
토	원	라	관	료	전	녹	학	지	계
용	효	소	무	역	로	읍	★	방	자
화	대	대	왕	암	공	중	앙	군	손
친	사	울	산	항	물	삼	한	통	일

내가 찾은 어휘 ⬭ 개

2 어휘 뜻 알기

다음 설명이나 그림이 뜻하는 어휘가 무엇인지 빈칸을 채워 보세요.

문제 개수 8 개

맞은 개수 ⬭ 개

틀린 개수 ⬭ 개

㉮ 억지로 머무르게 함. .... [ ][ ]

㉯ 통일신라 시대에, 당나라에 설치한 신라인의 거주지 ..... [신][ ][ ]

㉰ 통일신라 시대에, 관료에게 녹봉 대신에 토지를 주던 제도 [ ][ ][전]

㉱ 왕궁을 비롯한 수도를 지키던 군대 .... [ ][ ][군]

㉲ 고구려 멸망 후 발해가 세워져 신라의 통일을 고구려 · 백제 · 신라의 통일로 보는 것 .... [ ][ ][통][일]

㉳ 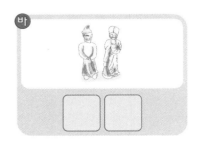 [ ][ ]

㉴ 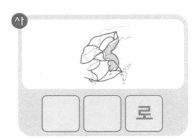 [ ][ ][로]

㉵ 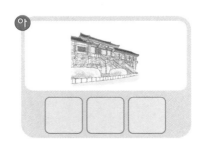 [ ][ ][ ]

다음에서 비슷한 뜻끼리 짝지어진 것에는 '='로, 반대의 뜻끼리 짝지어진 것에는 '↔'로 나타내거나, 부호에 알맞게 어휘를 채워 보세요.

가둠	=	(가)
신라방	(나)	신라촌
지방군	(다)	중앙군

직계	(라)	방계
공물	(마)	조공
삼한통일	(바)	삼국통일

어휘의 포함관계에 따라 '<' 또는 ' >'로 나타내고, 그림의 위치에 알맞게 어휘를 넣어 보세요.

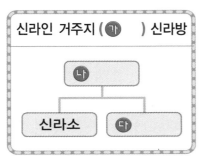
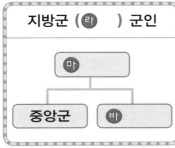

짝을 이루는 말을 찾아 동그라미를 하고, 그 말의 뜻을 보기 에서 찾아 번호를 쓰세요.

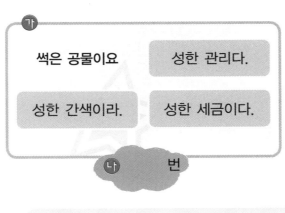
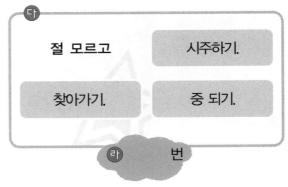

보기

① 실물보다 견본이 더 좋다.
② 힘만 들이고 아무런 공이 나타나지 아니하게 되다.
③ 일정한 주관이 없이 남이 하는 일을 보면 덮어놓고 따르려고 하다.

6 어휘 활용하기

다음 ㉮~㉲의 ( )에 알맞은 어휘를 보기에서 찾아 번호를 쓰고, ㉳의 질문에 답해 보세요.

문제 개수 **6**개

맞은 개수 ⬜ 개

틀린 개수 ⬜ 개

㉮ 고구려에 ( )되었던 김춘추는 거짓말을 하고야 빠져나올 수 있었다.

㉯ ( ) 중에서 가장 유명한 곳은 장보고가 세웠다는 법화원이다.

㉰ 신라의 가장 큰 항구였던 울산항은 다른 나라로 가는 (☆)의 시작이었다.

㉱ 흙으로 빚은 인형인 ( )은 신라인들의 해학을 보여 주고 있다.

㉲ ( )에서 가장 유명한 것은 석가탑과 다보탑이다.

㉳ '절 모르고 시주하기.'라는 말이 생각나는 상황을 써 보세요.

➡ _____

보기
① 억류　　② 신라원　　③ 관료전　　④ 중앙군　　⑤ 토용
⑥ 불국사　　⑦ 무역로　　⑧ 직계 자손　　⑨ 정전　　⑩ 국학

총 문제 개수 (33)개 ┆ 총 맞은 개수 ( )개 ┆ 총 틀린 개수 ( )개

글을 읽고 나서 오늘 공부를 신나게 시작하자고!

상식 쑥쑥 키우는 72

인테리어 디자이너

인테리어 디자이너는 실내 공간을 용도에 맞으면서도 편안하고 아름답게 구상하고 설계하는 일을 한답니다. 경제가 좋아지고 생활 수준이 높아지면서 실내 환경과 디자인에 대한 관심이 높아져 발전하게 된 직종이지요. 인테리어 디자인은 3종류로 나누어져요.

첫째, 실내 공간을 디자인하는 일

둘째, 각종 실내 공간에 필요한 생활 설비 즉, 생활용품이나 가구를 디자인하는 일

셋째, 실내를 보다 정밀하게 꾸미기 위한 장식 디자인

인테리어 디자이너는 조명, 색채, 설계, 디자인과 인테리어 재료, 가구 등에 대한 미적인 감각이 필요합니다. 이를 바탕으로 자신만의 고유한 개성을 표현할 줄도 알아야겠지요?

머리 풀어주는 퍼즐

도전 시간	걸린 시간
00 분 15 초	분 초

창의사고력 기초 다지기 계산능력 쑥~

다음 숫자들 중에서 같은 수를 2번 곱했을 때 나올 수 있는 숫자를 모두 찾아 동그라미 하세요.

 보기

$$25(=5 \times 5)$$

$30 \div 5$

16

9

13×2

$19 - 2$

$54 - 20$

27

4×9

$52 - 3$

3×5

낱말이 쏙 생각이 쑥

1 가로세로 어휘 찾기

다음 네모에서 알고 있는 어휘를 찾아 동그라미를 해 보세요.

여기서 찾은 어휘로 2~6번 문제를 풀어요!

입	김	암	거	아	삼	아	삼	하	다
잘	쌈	상	간	댑	투	신	줏	단	지
금	지	스	꾼	싸	레	★	봉	당	일
잘	★	레	★	리	질	괴	목	장	쑤
금	꼬	락	서	니	개	다	리	소	반

내가 찾은 어휘 ⬭ 개

2 어휘 뜻 알기

다음 설명이나 그림이 뜻하는 어휘가 무엇인지 빈칸을 채워 보세요.

문제 개수 8 개

맞은 개수 개
틀린 개수 개

가 안방과 건넌방 사이에 마루를 놓지 않고 흙바닥 그대로 둔 곳 ⋯ ☐☐

나 말이나 당나귀가 코로 투루루 소리를 내는 일 ⋯ ☐☐☐

다 사고 파는 사람 사이에서 흥정을 붙이는 일을 하는 사람 ⋯ ☐☐☐

라 집 안에서 항아리나 대바구니 등에 조상의 이름을 써 신주를 모시는 그릇 ☐☐☐☐

마 남을 시기하고 샘을 잘 내는 데가 있게 ⋯ ☐☐☐☐

바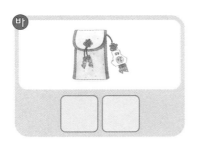
☐☐

사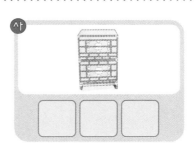
☐☐☐

아
☐☐ 소 반

3 비슷한 말 반대말 알기

다음에서 비슷한 뜻끼리 짝지어진 것에는 '＝'로, 반대의 뜻끼리 짝지어진 것에는 '↔'로 나타내거나, 부호에 알맞게 어휘를 채워 보세요.

문제 개수 **6** 개

맞은 개수 ⬜ 개

틀린 개수 ⬜ 개

투레	＝	(㉮)
암상스레	(㉯)	너그러이
꼴	(㉰)	꼬락서니

거간꾼	(㉱)	어성꾼
일쑤	(㉲)	드묾
쌈지	(㉳)	주머니

4 큰 말 작은 말 알기

어휘의 포함관계에 따라 '＜' 또는 '＞'로 나타내고, 그림의 위치에 알맞게 어휘를 넣어 보세요.

문제 개수 **9** 개

맞은 개수 ⬜ 개

틀린 개수 ⬜ 개

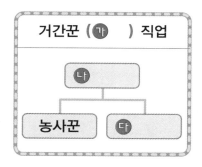

거간꾼 (㉮) 직업
㉯
농사꾼 / ㉰

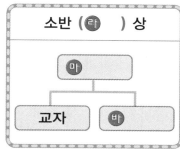

소반 (㉱) 상
㉲
교자 / ㉳

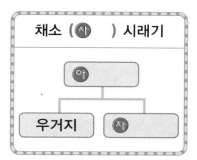

채소 (㉴) 시래기
㉵
우거지 / ㉶

5 관용어 알기

짝을 이루는 말을 찾아 동그라미를 하고, 그 말의 뜻을 보기 에서 찾아 번호를 쓰세요.

문제 개수 **4** 개

맞은 개수 ⬜ 개

틀린 개수 ⬜ 개

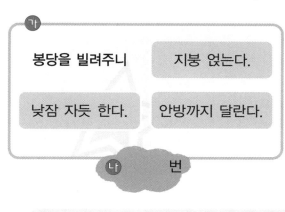

㉮
봉당을 빌려주니 · 지붕 얹는다.
낮잠 자듯 한다. · 안방까지 달란다.
㉯ 번

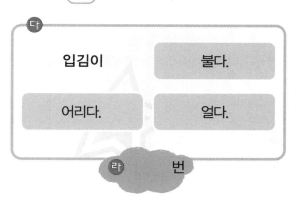

㉰
입김이 · 붇다.
어리다. · 얼다.
㉱ 번

보기

① 엉뚱한 데에서 뜻밖의 손해를 보다.

② 애지중지 다루던 정이 담겨져 있다.

③ 매우 염치가 없다.

다음 ㉮~㉲의 (   )에 알맞은 어휘를 보기 에서 찾아 번호를 쓰고, ㉳의 질문에 답해 보세요.

㉮ 저 애는 필통이 뭐가 그리 중요하다고 아주 (   ) 모시듯 한다니까.

㉯ 놀부 마누라가 보니 흥부가 들어서는 (   )가 꼭 비에 젖은 생쥐였다.

㉰ 밭 갈기를 멈춘 소가 (   )을 하며 거친 숨을 내쉬었다.

㉱ 노인은 (   )에서 담배를 꺼내 곰방대에 채웠다.

㉲ 아침잠이 많은 영수는 학교에 지각하기 (   )였다.

㉳ '암상스레'를 넣어 짧은 글짓기를 해 보세요.

→ _____

보기
① 암상스레   ② 거간꾼   ③ 꼬락서니   ④ 쌈지   ⑤ 시래기
⑥ 개다리소반   ⑦ 투레질   ⑧ 댑싸리   ⑨ 일쑤   ⑩ 신줏단지

총 문제 개수 (33)개   총 맞은 개수 (   )개   총 틀린 개수 (   )개

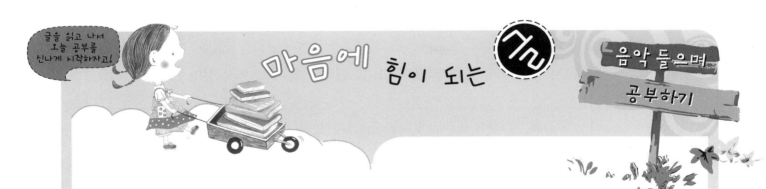

글을 읽고 나서
오늘 공부를
신나게 시작하자고!

마음에 힘이 되는 ♪♬

음악 들으며
공부하기

준상 : 저는 신나는 팝송을 좋아해요. 수학 공부할 때 빠른 음악을 들으면 계산 속도도 빨라지고 좋은데 엄마는 무슨 공부가 되겠냐며 핀잔해요. 이것 때문에 엄마와 다툰 일이 한두 번이 아니에요. 어떡하면 좋죠?

학습 센터 : 공부하는 순간에는 집중력이 필요해요. 노래 가사와 공부하는 내용이 서로 충돌하기 때문에 둘 중 하나는 제대로 이해하지 못한답니다. 음악을 듣고 싶다면 가사가 없는 클래식을 권할게요. 준상이가 팝송 가사를 전혀 알아듣지 못해 방해가 안 된다고 말한다면 그것도 아주 틀린 얘기는 아니겠네요. 이런 방법도 생각해 보세요. 음악은 지친 몸과 마음에 휴식과 생기를 불어 넣을 수 있으니 공부 시간을 피해 듣는 것을 적극 추천해요.

도전 시간	걸린 시간
00 분 15 초	분 초

창의사고력 기초 다지기   주의집중력   쑥~

가장 아래에 놓인 색종이를 찾아보세요.

낱말이 쏙 생각이 쑥

1 가로세로 어휘 찾기

다음 네모에서 알고 있는 어휘를 찾아 동그라미를 해 보세요.

여기서 찾은 어휘로 2~6번 문제를 풀어요!

네	온	수	송	관	청	정	연	료	취
수	부	탄	액	에	천	기	중	기	급
조	적	기	화	너	연	전	가	설	냉
자	외	선	★	지	가	자	메	탄	각
★	선	태	양	열	스	석	표	백	제

내가 찾은 어휘 ⬭ 개

2 어휘 뜻 알기

다음 설명이나 그림이 뜻하는 어휘가 무엇인지 빈칸을 채워 보세요.

문제 개수 8 개

맞은 개수 ⬭ 개

틀린 개수 ⬭ 개

㉮ 기체나 액체 따위를 보내는 관 ·············· ☐☐☐

㉯ 동식물 등의 자원을 발효시키거나, 기름을 추출하여 얻는 바이오 에너지
·················· ☐☐☐☐

㉰ 어떤 이론 체계를 증명하기 위하여 설정한 가정 ············· ☐☐☐

㉱ 기체가 액체로 변하거나 고체가 액체로 되는 현상 ··········· ☐☐

㉲ 태양 빛을 프리즘으로 분산시켰을 때 적색선보다 더 바깥쪽에 있는 전자기파
·················· ☐☐☐

㉳

☐☐☐

㉴
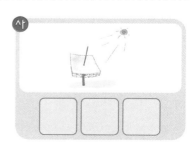
☐☐☐

㉵

☐☐☐

③ 비슷한 말 반대말 알기

다음에서 비슷한 뜻끼리 짝지어진 것에는 '='로, 반대의 뜻끼리 짝지어진 것에는 '↔'로 나타내거나, 부호에 알맞게 어휘를 채워 보세요.

다룸	=	(㉮)
적외선	(㉯)	자외선
천연가스	(㉰)	화학가스

기중기	(㉱)	크레인
가설	(㉲)	가정
에너지	(㉳)	힘

---

④ 큰 말 작은 말 알기

어휘의 포함관계에 따라 '<' 또는 '>'로 나타내고, 그림의 위치에 알맞게 어휘를 넣어 보세요.

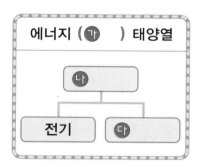

에너지 (㉮) 태양열
㉯ / 전기 · ㉰

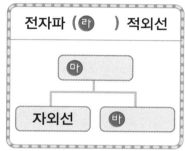

전자파 (㉱) 적외선
㉲ / 자외선 · ㉳

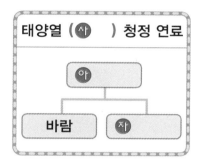

태양열 (㉴) 청정 연료
㉵ / 바람 · ㉶

---

⑤ 관용어 알기

짝을 이루는 말을 찾아 동그라미를 하고, 그 말의 뜻을 [보기]에서 찾아 번호를 쓰세요.

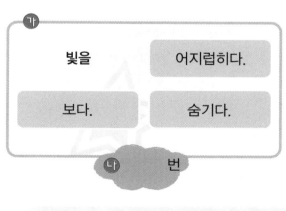

㉮ 빛을 / 어지럽히다. / 보다. / 숨기다.
㉯ 번

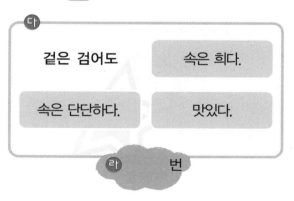

㉰ 겉은 검어도 / 속은 희다. / 속은 단단하다. / 맛있다.
㉱ 번

[보기]

① 겉으로 보기에는 나쁘고 언짢은 것 같지만 실지 내용은 좋다.

② 업적이나 보람 따위가 드러나다.

③ 알뜰하고 소중하게 쓰이는 데가 있다.

다음 ㉮ ~ ㉮의 ( )에 알맞은 어휘를 보기 에서 찾아 번호를 쓰고, ㉯의 질문에 답해 보세요.

㉮ 불이나 가스처럼 위험한 물질을 ( )할 때는 각별한 주의가 요구된다.

㉯ 사우디아라비아 같은 산유국에는 원유를 옮기기 위한 ( )이 곳곳에 묻혀 있다.

㉰ 전자파의 하나인 ( )은 눈에는 보이지 않으나 공업이나 의료 분야에서 많이 사용된다.

㉱ 최근에는 옥수수를 원료로 하는 ( )가 개발되어 시험 사용되고 있다.

㉲ 휴대용 가스레인지에 사용하는 가스는 부탄을 ( )시켜 통에 넣은 것이다.

㉳ '빛을 보다.'라는 말이 생각나는 상황을 써 보세요.

→ _____

보기
① 수송관 　② 청정 연료 　③ 가설 　④ 액화 　⑤ 적외선
⑥ 기중기 　⑦ 태양열 　⑧ 취급 　⑨ 천연가스 　⑩ 냉각제

총 문제 개수 (33) 개 ┃ 총 맞은 개수 ◯ 개 ┃ 총 틀린 개수 ◯ 개

상식 쑥쑥 키우는 72 에스페란토

글을 읽고 나서 오늘 공부를 신나게 시작하자고!

　에스페란토는 세계에서 가장 많이 쓰이는 인공적으로 만든 언어입니다. '에스페란토'는 이 말을 만든 자멘호프 박사의 필명에서 유래했고, '희망하는'이라는 뜻입니다.

　자멘호프는 자신이 살던 지역의 언어 문제가 주민들 사이의 불화를 만드는 요인이라는 걸 발견했습니다. 그는 언어로 인한 분쟁을 막기 위해 에스페란토를 창안하여 1887년 완성했고, 같은 민족끼리는 모국어를 쓰고, 다른 민족과는 에스페란토를 사용하자고 주장했습니다.

　이런 비슷한 이유로 여러 인공어가 만들어졌으나 지금도 쓰이고 있는 것은 에스페란토뿐이랍니다.

머리 풀어주는 퍼즐

도전 시간	걸린 시간
00 분 15 초	분 초

창의사고력 기초 다지기   연상추리력 쑥~

4개의 도형을 한곳에 모으면 어떤 숫자가 나올까요?

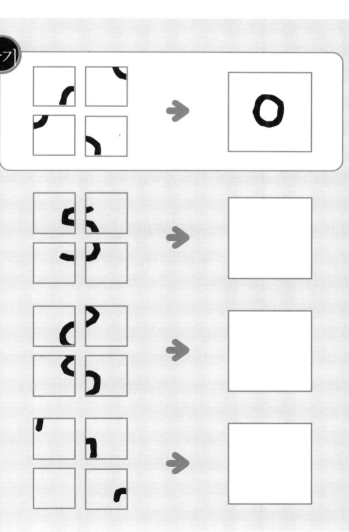

낱말이 쏙 생각이 쑥

1 가로세로 어휘 찾기

다음 네모에서 알고 있는 어휘를 찾아 동그라미를 해 보세요.

여기서 찾은 어휘로 2~6번 문제를 풀어요!

법	치	국	가	★	저	작	권	법	형
파	괴	력	성	만	사	형	통	네	설
관	씨	족	자	조	문	널	애	티	지
용	빈	민	굴	기	★	빤	도	켓	공
마	부	작	침	휴	양	지	환	호	성

내가 찾은 어휘 ⬜ 개

2 어휘 뜻 알기

다음 설명이나 그림이 뜻하는 어휘가 무엇인지 빈칸을 채워 보세요.

문제 개수 8 개

맞은 개수 ⬜ 개

틀린 개수 ⬜ 개

㉮ 남의 잘못을 너그럽게 받아들이거나 용서함. ············ ⬜⬜

㉯ 국민의 뜻에 따라 만든 법률에 의해 다스려지는 나라 ⬜⬜ 국

㉰ 모든 것이 뜻대로 잘됨. ······························ ⬜ 사 ⬜

㉱ 반딧불·눈과 함께 하는 노력이라는 뜻으로, 고생을 하면서도 부지런히 공부하는 자세 ····················· ⬜⬜ 지 ⬜

㉲ 아무리 어려운 일이라도 참고 계속하면 반드시 성공함. 마 ⬜⬜⬜

㉳ 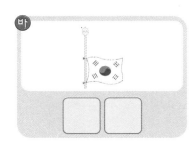 ⬜⬜

㉴  ⬜ 성

㉵  ⬜⬜ 지

3 비슷한 말 반대말 알기

다음에서 비슷한 뜻끼리 짝지어진 것에는 '='로, 반대의 뜻끼리 짝지어진 것에는 '↔'로 나타내거나, 부호에 알맞게 어휘를 채워 보세요.

문제 개수 6 개

맞은 개수 □ 개

틀린 개수 □ 개

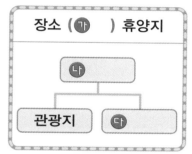

경찰국가	↔	(가)
파괴력	(나)	창조력
조문	(다)	문상

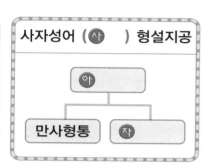

애도	(라)	애척
네티켓	(마)	통신 예절
빈민굴	(바)	빈민가

4 큰 말 작은 말 알기

어휘의 포함관계에 따라 '<' 또는 '>'로 나타내고, 그림의 위치에 알맞게 어휘를 넣어 보세요.

문제 개수 9 개

맞은 개수 □ 개

틀린 개수 □ 개

장소 (가) 휴양지

나

관광지 다

법치국가 (라) 국가

마

경찰국가 바

사자성어 (사) 형설지공

야

만사형통 자

5 관용어 알기

짝을 이루는 말을 찾아 동그라미를 하고, 그 말의 뜻을 보기 에서 찾아 번호를 쓰세요.

문제 개수 4 개

맞은 개수 □ 개

틀린 개수 □ 개

가

하늘은 스스로 | 돕는 자를 돕는다.

어둠을 밝힌다. | 높이 이른다.

나 번

다

법은 멀고 | 사연은 많다.

뜻은 가깝다. | 주먹은 가깝다.

라 번

보기

① 어떤 일을 이루기 위해서는 자신의 노력이 중요하다.

② 세월이 많이 지나다.

③ 사리를 따져 가며 법식대로 해결하는 것보다 완력이 먼저 힘을 쓴다.

6 어휘 활용하기

다음 ⑦~⑩의 ( )에 알맞은 어휘를 보기 에서 찾아 번호를 쓰고, ⑪의 질문에 답해 보세요.

문제 개수 **6** 개

맞은 개수 ◯ 개

틀린 개수 ◯ 개

⑦ 월드컵 경기에서 우리나라가 골을 넣자 모든 사람들이 ( )을 질렀다.

⑧ 대한민국은 ( )이므로 법을 어길 시 처벌받는 것은 당연하다.

⑨ 정월 대보름달을 보며 올 한 해는 모든 것이 ( )하게 해 달라는 소원을 빌었다.

⑩ 현충일에는 순국선열의 희생을 애도하자는 의미로 ( )를 단다.

⑪ 이번에 우리나라에서 개발한 미사일은 엄청난 ( )을 지니고 있다고 한다.

⑫ '네티켓'을 넣어 짧은 글짓기를 해 보세요.

→ _____

보기
① 법치국가　② 형설지공　③ 만사형통　④ 마부작침　⑤ 조기
⑥ 환호성　⑦ 휴양지　⑧ 파괴력　⑨ 네티켓　⑩ 빈민굴

총 문제 개수 **33** 개　총 맞은 개수 ◯ 개　총 틀린 개수 ◯ 개

글을 읽고 나서 오늘 공부를 신나게 시작하자고!

좋은 습관 다지는

병입고황

　예부터 나쁜 버릇이나 습관을 병입고황이라 했습니다. 중국 진나라 경공이 몸져누웠는데 온갖 약을 써도 효험을 보지 못했습니다. 경공은 천하의 명의로 알려진 고완에게 친찰을 부탁했습니다. 고완이 진맥을 하더니 고개를 가로저었습니다. "공의 병은 고칠 수 없습니다. 병이 이내 명치 위(고) 심장 아래(황), 즉 고황에 들어 치료가 불가능하며 침을 놓아도 닿지 않고 약을 써도 들어가지 못하니 안타까울 뿐입니다." 경공은 결국 이 병으로 죽고 말았고 그 뒤로 나을 수 없는 병을 '병입고황'이라고 합니다. 세살 버릇 여든까지 간다는 말도 버릇은 한 번 들이면 고치기 힘들다는 뜻입니다. 나에게 어떤 잘못된 버릇이 있는지 살펴보세요. 지금부터 고치는 것이 가장 좋답니다.

머리 풀어주는

도전 시간	걸린 시간
00 분 50 초	분 초

창의사고력 기초 다지기   판단능력 쏙~

아래의 주사위 평면도를 접었을 때, 나올 수 없는 주사위는 무엇일까요?

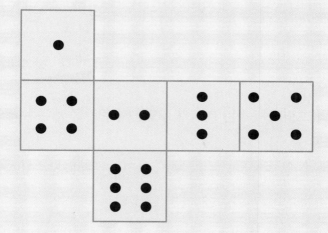

❶    ❷    ❸

도전시간 13 분 00 초 걸린시간 분 초

1 가로세로 어휘 찾기

다음 네모에서 알고 있는 어휘를 찾아 동그라미를 해 보세요.

여기서 찾은 어휘로 2~6번 문제를 풀어요!

극	음	악	뮤	리	코	더	이	음	줄
교	향	곡	지	오	조	취	변	주	곡
비	창	극	컬	페	성	타	수	제	천
발	어	울	림	라	산	조	심	지	휘
디	여	린	내	기	풍	년	가	단	소

내가 찾은 어휘 ⬜ 개

2 어휘 뜻 알기

다음 설명이나 그림이 뜻하는 어휘가 무엇인지 빈칸을 채워 보세요.

문제 개수 8 개

맞은 개수 ⬜ 개

틀린 개수 ⬜ 개

- ㉮ 악보에서, 둘 이상의 음을 끊지 않고 연주하라는 기호 ····· ⬜⬜⬜
- ㉯ 주음(主音) 및 그 화음에 따라 결정되는 곡조의 성질 ·········· ⬜⬜
- ㉰ 대취타의 태평소 가락을 2도 높여 가락을 약간 변화시켜 만든 관현악곡 ⬜⬜
- ㉱ 하나의 주제가 되는 선율을 바탕으로, 선율·리듬·화성 따위를 여러 가지로 변형하여 나가는 기악곡 ····· ⬜⬜⬜
- ㉲ 관현악을 위하여 작곡한, 소나타 형식의 규모가 큰 곡 ····· ⬜⬜⬜

㉳ 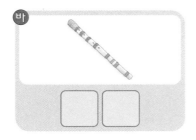 ⬜⬜

㉴  ⬜⬜

㉵  ⬜⬜⬜

다음에서 비슷한 뜻끼리 짝지어진 것에는 '='로, 반대의 뜻끼리 짝지어진 것에는 '↔'로 나타내거나, 부호에 알맞게 어휘를 채워 보세요.

심포니	=	(가)
어울림	(나)	조화
여린내기	(다)	센내기

이음줄	(라)	연결선
오페라	(마)	가극
변주곡	(바)	베리에이션

어휘의 포함관계에 따라 '<' 또는 '>'로 나타내고, 그림의 위치에 알맞게 어휘를 넣어 보세요.

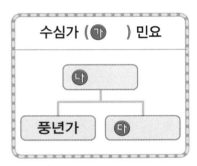

수심가 (가) 민요

나
풍년가 / 다

극음악 (라) 오페라

마
창극 / 바

연주 기호 (사) 이음줄

아
도돌이표 / 자

짝을 이루는 말을 찾아 동그라미를 하고, 그 말의 뜻을 보기 에서 찾아 번호를 쓰세요.

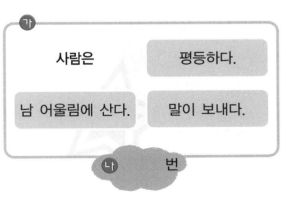

가
사람은   평등하다.
남 어울림에 산다.   말이 보내다.
나 번

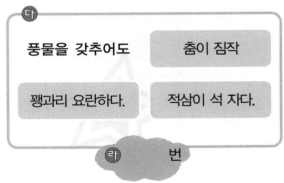

다
풍물을 갖추어도   춤이 짐작
꽹과리 요란하다.   적삼이 석 자다.
라 번

보기

① 사람은 서로 어울리지 아니하고서는 살 수 없다.

② 남이 재촉하더라도 자기가 짐작하여 알아서 해야 한다.

③ 하기 싫은 일에 억지로 참여하다.

다음 ㉮ ~ ㉲ 의 ( )에 알맞은 어휘를 보기 에서 찾아 번호를 쓰고, ㉳ 의 질문에 답해 보세요.

㉮ 서울시향은 가을 정기 연주회에서 베토벤의 전원( )을 연주한다고 했다.

㉯ 동화로 읽던 심청전을 ( )으로 다시 보니 느낌이 색달랐다.

㉰ 미국 브로드웨이에서 첫선을 보였던 ( ) '캣츠' 는 전 세계에서 공연되고 있다.

㉱ 대취타는 원래 군악이었지만 지금은 ( )로 편곡되어 자주 연주된다.

㉲ 같은 곡도 연주자의 표현 방법에 따라 ( )으로 연주하면 느낌이 전혀 다르다.

㉳ '사람은 남 어울림에 산다.' 라는 말이 생각나는 상황을 써 보세요.

→ _____

보기
① 취타　　② 변주곡　　③ 교향곡　　④ 리코더　　⑤ 창극
⑥ 뮤지컬　　⑦ 산조　　⑧ 풍년가　　⑨ 극음악　　⑩ 조성

총 문제 개수 (33) 개　　총 맞은 개수 ( ) 개　　총 틀린 개수 ( ) 개

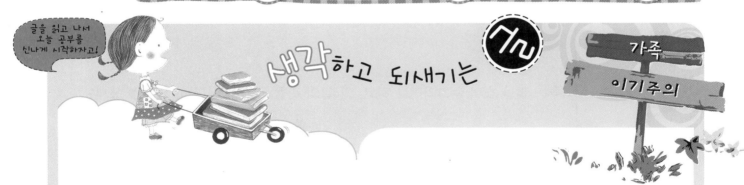

생각하고 되새기는

가족
이기주의

글을 읽고 나서
오늘 공부를
신나게 시작하자고!

　　농사가 주된 산업이었던 시대, 그때는 혼자 살기 어려웠고, 마을의 기쁨은 우리 가족의 기쁨이었고, 마을의 어려움과 슬픔은 우리의 어려움이자 나의 슬픔이었답니다. 모내기와 추수는 다른 사람의 손과 발이 없이는 할 수 없었답니다. 그래서 더불어 같이 살아왔답니다.

　　하지만 요즘은 아파트에서 수백 세대가 같이 살지만 옆집에서 무슨 일이 일어나는지 모릅니다. 옆집에 도둑이 들어도, 혼자 사는 노인이 죽어도 관심이 없답니다. 우리 가족만 잘 먹고 잘 사는 것이 중요하다고 생각하기 때문입니다. 자기 가족 이외에 아무 것도 중요하지 않게 되었답니다. 이를 가족 이기주의라고 합니다.

　　하지만 우리 집에 강도가 들었을 때, 옆집에서 전화만 해 주어도 문제가 해결될 수 있다고 생각해 보세요. 그럼 가족도 중요하지만 이웃도 소중하다는 것을 알 수 있답니다. 이웃에 조금만 관심을 가져 보세요. 그만큼 우리 사회는 밝아진답니다.

머리 풀어주는 퍼즐

도전 시간	걸린 시간
00 분 40 초	분 초

창의사고력 기초 다지기   정보처리능력 쑥~

오른쪽 그림은 왼쪽 그림을 거꾸로 뒤집어 놓은 그림이에요. 오른쪽 그림의 빈칸을 채워 왼쪽 그림과 같게 해 보세요.

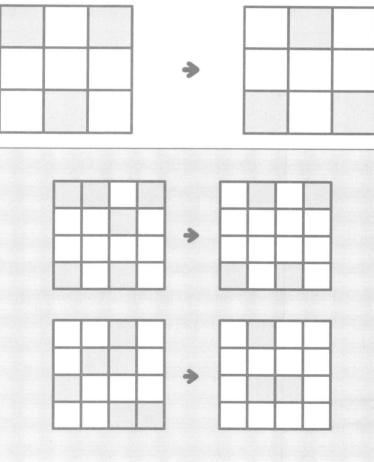

낱말이 쏙 생각이 쑥

1 가로세로 어휘 찾기

다음 네모에서 알고 있는 어휘를 찾아 동그라미를 해 보세요.

여기서 찾은 어휘로 2~6번 문제를 풀어요!

사	이	버	공	간	운	영	자	판	애
전	자	우	편	인	대	화	방	사	니
파	댓	채	네	터	누	리	꾼	이	메
일	글	팅	티	넷	게	시	판	트	이
★	검	색	즌	프	레	젠	테	이	션

내가 찾은 어휘 ◯ 개

2 어휘 뜻 알기

다음 설명이나 그림이 뜻하는 어휘가 무엇인지 빈칸을 채워 보세요.

문제 개수 **8** 개

맞은 개수 ◯ 개

틀린 개수 ◯ 개

㉮ 컴퓨터 통신망에서 모니터를 통하여 대화를 나누는 곳 ···· ☐☐☐

㉯ 답글이란 뜻으로 흔히 인터넷상에 꼬릿말로 불리는 것········ ☐☐

㉰ 네트워크(network)와 시민(citizen)이 합쳐진 말 ······· ☐☐☐

㉱ 책이나 컴퓨터의 자료 가운데 필요한 자료들을 찾아내는 일···· ☐☐

㉲ 컴퓨터나 기타 멀티미디어를 이용하여 그 안에 담겨 있는 각종 정보를 사용자 또는 대상자에게 전달하는 행위······· ☐☐☐ 테 이 션

㉳
☐☐☐ 이 션

㉴
☐☐

㉵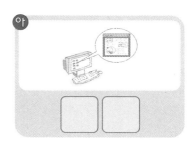
☐☐

비슷한 말 반대말 알기

다음에서 비슷한 뜻끼리 짝지어진 것에는 '='로, 반대의 뜻끼리 짝지어진 것에는 '↔'로 나타내거나, 부호에 알맞게 어휘를 채워 보세요.

문제 개수 6개

맞은 개수 　개
틀린 개수 　개

이메일	=	(㉮)
댓글	(㉯)	답글
네티즌	(㉰)	누리꾼

대화방	(㉲)	채팅방
게시판	(㉳)	알림판
검색	(㉴)	찾기

큰 말 작은 말 알기

어휘의 포함관계에 따라 '<' 또는 '>'로 나타내고, 그림의 위치에 알맞게 어휘를 넣어 보세요.

문제 개수 9개

맞은 개수 　개
틀린 개수 　개

전자우편 (㉮) 인터넷

㉯
채팅 ｜ ㉰

사이트 (㉳) 네이버

㉲
다음 ｜ ㉳

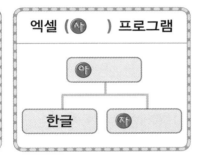

엑셀 (㉷) 프로그램

㉸
한글 ｜ ㉹

관용어 알기

짝을 이루는 말을 찾아 동그라미를 하고, 그 말의 뜻을 보기 에서 찾아 번호를 쓰세요.

문제 개수 4개

맞은 개수 　개
틀린 개수 　개

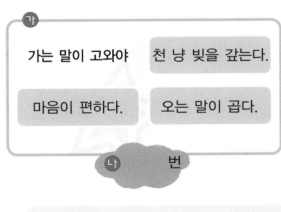

㉮
가는 말이 고와야ㅤㅤ천 냥 빚을 갚는다.

마음이 편하다.ㅤㅤ오는 말이 곱다.

㉯ 번

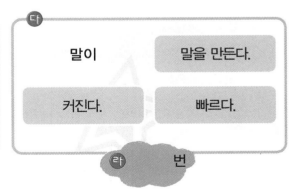

㉰
말이ㅤㅤ말을 만든다.

커진다.ㅤㅤ빠르다.

㉱ 번

보기
① 아무리 말하여도 알아듣지 못한다.
② 자기가 남에게 말이나 행동을 좋게 하여야 남도 자기에게 좋게 한다.
③ 말은 사람의 입을 거치는 동안 그 내용이 과장되고 변한다.

다음 ㉮~㉲의 ( )에 알맞은 어휘를 보기 에서 찾아 번호를 쓰고, ㉳의 질문에 답해 보세요.

㉮ 무책임하게 쓰는 ( )로 인해 연예인들은 상처를 많이 받는다고 한다.

㉯ 네티켓은 ( )이라면 당연히 지켜야 할 사이버 공간의 예의이다.

㉰ ( )이란 컴퓨터 통신망의 발달로 세계의 일들을 실시간으로 볼 수 있게 되었다.

㉱ 엄마는 손으로 쓴 편지를 주고받았다고 하는데 우리는 ( )을 사용한다.

㉲ 문화재에 대해 조사하라는 숙제를 하기 위해 인터넷에서 ( )을 했다.

㉳ '말이 말을 만든다.'라는 말이 생각나는 상황을 써 보세요.

➡ _____

보기
① 대화방 ② 댓글 ③ 누리꾼 ④ 검색 ⑤ 전자우편
⑥ 파일 ⑦ 게시판 ⑧ 인터넷 ⑨ 운영자 ⑩ 사이트

총 문제 개수 (33) 개 | 총 맞은 개수 ( ) 개 | 총 틀린 개수 ( ) 개

글을 읽고 나서 오늘 공부를 신나게 시작하자!

마음에 힘이 되는 글 남아메리카 배낭여행

우리나라 반대편에 있는 남아메리카. 남아메리카 하면 도둑, 강도, 전쟁, 게릴라 같은 위험한 단어를 떠올리는 사람이 많지만 그곳에 배낭여행을 다녀 온 사람들은 매력에 흠뻑 빠져서 돌아와요.

첫째, 다양한 기후와 아름다운 자연 환경으로 아마존, 사막, 빙하까지 다 볼 수 있대요.
둘째, 고대 마야 문명의 흔적이 그대로 있어요.
셋째, 나라, 민족마다 천차만별인 문화를 가진 매력적인 대륙이라고 해요.
그리고 물가가 싸서 전 세계 '배낭여행자들의 천국'이래요.
몸은 고달프지만 돈으로 살 수 없는 귀중한 체험을 할 수 있는 배낭여행을 꿈꿔 보세요.

도전 시간	걸린 시간
00 분 40 초	분 초

창의사고력 기초 다지기 계산능력 쑥~

다음 수 중에서 가장 큰 수와 가장 작은 수를 찾아 각각 동그라미 하세요.

$16 \div 16$ 19 $23 - 10$

32×2 $27 \div 3$ 49×1

7 29×2

6×14

$12 + 36$ 53 13×3

날말이 쏙 생각이 쑥

1 가로세로 어휘 찾기

다음 네모에서 알고 있는 어휘를 찾아 동그라미를 해 보세요.

여기서 찾은 어휘로 2~6 번 문제를 풀어요!

발	해	동	성	국	차	전	놀	이	농
대	치	미	왕	건	★	유	교	개	민
조	호	★	선	삼	사	★	서	경	봉
영	족	교	종	노	비	안	검	법	기
풍	수	지	리	설	과	거	제	고	려

내가 찾은 어휘 　　 개

2 어휘 뜻 알기

다음 설명이나 그림이 뜻하는 어휘가 무엇인지 빈칸을 채워 보세요.

문제 개수 8 개

맞은 개수 　 개

틀린 개수 　 개

㉮ 번영기 때의 발해를 중국에서 이르던 말 ········ ▢▢▢▢

㉯ 벌떼처럼 떼 지어 세차게 일어남. ············· ▢▢

㉰ 고려 시대의 세 벼슬 태사, 태부, 태보를 일컫는 말 ········ ▢▢

㉱ 고려 광종이 노비를 해방시키기 위해 만든 법··· 노 비 ▢▢

㉲ 인간의 길흉화복을 지형과 연결하여 생각하는 전통적 지리학 이론
·········· ▢▢ 지 리 설

㉳

▢▢

㉴
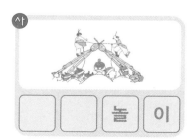
▢▢ 놀 이

㉵
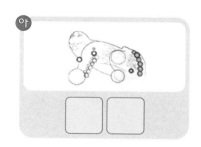
▢▢

130

비슷한 말 반대말 알기

다음에서 비슷한 뜻끼리 짝지어진 것에는 '='로, 반대의 뜻끼리 짝지어진 것에는 '↔'로 나타내거나, 부호에 알맞게 어휘를 채워 보세요.

문제 개수 **6** 개

맞은 개수 ◯ 개

틀린 개수 ◯ 개

해태	=	(가)
과거제	(나)	음서제
개성	(다)	개경

차전놀이	(라)	동채싸움
발해	(마)	해동성국
풍수지리설	(바)	풍수설

큰 말 작은 말 알기

어휘의 포함관계에 따라 '<' 또는 '>'로 나타내고, 그림의 위치에 알맞게 어휘를 넣어 보세요.

문제 개수 **9** 개

맞은 개수 ◯ 개

틀린 개수 ◯ 개

선종 (가) 불교

나

교종 다

관리 등용 (라) 과거제

마

음서제 바

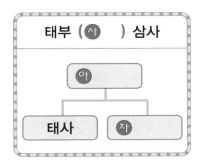

태부 (사) 삼사

아

태사 자

관용어 알기

짝을 이루는 말을 찾아 동그라미를 하고, 그 말의 뜻을 [보기]에서 찾아 번호를 쓰세요.

문제 개수 **4** 개

맞은 개수 ◯ 개

틀린 개수 ◯ 개

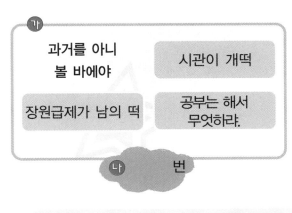

가

과거를 아니 볼 바에야

시관이 개떡

장원급제가 남의 떡

공부는 해서 무엇하랴.

나 번

다

방 안

천기(天氣)

풍수(風水)

지리(地理)

라 번

보기

① 아무런 관련이 없는 경우에는 권력이 있는 자라도 조금도 두려울 것이 없다.

② 나라의 일은 끝이 없어 백성들이 늘 고생이다.

③ 방 안에 앉아 있으면서 주제넘게 알지도 못하는 바깥 이야기를 늘어놓다.

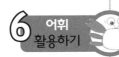

다음 ㉮~㉲의 ( )에 알맞은 어휘를 보기에서 찾아 번호를 쓰고, ㉳의 질문에 답해 보세요.

문제 개수 6 개

맞은
개수 ＿개

틀린
개수 ＿개

㉮ 선악을 판단한다는 전설의 동물인 (   )를 궁궐 앞에 세워 두었다.

㉯ 9세기 무렵 발해의 국력이 강해지자 당나라에서는 발해를 (   )이라 불렀다.

㉰ 고려 광종이 노비를 해방시키기 위해 만든 (   )은 귀족의 힘을 약화시켰다.

㉱ 지금도 (   )이 남아 있어 무덤 등의 지형을 살피는 경우가 있다.

㉲ 신라 말, 흉년으로 살기가 어려운데 세금이 늘자 농민들이 (   )를 일으켰다.

㉳ '방 안 풍수'라는 말이 생각나는 상황을 써 보세요.

➡ ＿＿＿＿＿＿＿＿＿＿＿＿＿＿＿＿＿＿＿＿＿＿＿＿＿＿＿＿

보기
① 해동성국　　② 봉기　　③ 노비안검법　　④ 풍수지리설　　⑤ 치미
⑥ 차전놀이　　⑦ 해치　　⑧ 선종　　⑨ 과거제　　⑩ 유교

총 문제 개수 �33 개 ┃ 총 맞은 개수 ◯ 개 ┃ 총 틀린 개수 ◯ 개

상식 쑥쑥 키우는

사이비 종교

글을 읽고 나서
오늘 공부를
신나게 시작하자!

　　사이비 종교라는 말을 심심찮게 쓰지만 국어사전에도 뜻이 나와 있지 않습니다. 사이비(似而非)라는 말은 '비슷하나 아니다. 겉은 비슷해 보이지만 알맹이는 다르다.'는 뜻입니다. 사이비 종교에는 몇 가지 특징이 있습니다.

　　첫째, 물질적인 쾌락을 추구하여 비정상적인 즐거움에 빠지도록 이끕니다.

　　둘째, 과도한 헌신을 요구하여, 빌어서든 훔쳐서든 사기를 쳐서든 빚을 내서든 나의 소유, 나의 능력 이상의 것을 바치도록 합니다.

　　셋째, 신비에 의지하여 기적을 연출하고, 그것을 유일한 신앙의 근거로 주장합니다.

　　사이비 종교 집단이 일으키는 끔찍한 사건은 잊을 만하면 등장합니다. 여기에 빠지지 않도록 주의하는 것이 중요하답니다.

1 회 13쪽~16쪽

2 회 17쪽~20쪽

3 회 21쪽~24쪽

1회

퍼즐

A아파트의 정육면체 개수는 (4×2×2)+4+2이므로 22개가 되고 B아파트의 정육면체 개수는 (3×4×2)이므로 24개가 됩니다. 따라서 B아파트가 방이 더 많습니다.

B

2회

퍼즐

한글 자음의 순서를 떠올리면 쉽게 문제를 해결할 수 있습니다. ㄱ은 첫 번째 자음이므로 1이 되고 ㄷ은 3번째 자음이므로 3이 됩니다. 따라서 ㅍ은 13번째 자음이므로 13이 됩니다.

13

3회

퍼즐

1회 정답

 정답

❶ 가로세로 어휘 찾기

관	련	짓	다	데	이	터	베	이	스
사	물	논	습	커	어	통	의	연	찡
건	시	리	관	★	말	신	문	구	그
공	간	적	배	경	버	망	★	신	리
해	적	레	이	더	등	날	카	롭	다

❷ 어휘 뜻 알기
- ㉮ 관련 ㉯ 통신망
- ㉰ 연구실 ㉱ 공간적
- ㉲ 논리 ㉳ 레이더
- ㉴ 신문 ㉵ 찡그

❸ 비슷한 말 반대말 알기
- ㉮ ↔ ㉯ = ㉰ = ㉱ =
- ㉲ ↔

❹ 큰 말 작은 말 알기
- ㉮ < ㉯ 배경 ㉰ 시간적 배경 ㉱ > ㉲ 통신망
- ㉳ 모뎀

❺ 관용어 알기
- ㉯ ③
- ㉰ 송곳이라. ㉱ ①

❻ 어휘 활용하기
- ㉯ ④, ③ ㉰ ⑨ ㉱ ⑦
- ㉲ ① ㉳ 예) 아직 사건이 해결되지 않았는데 증거가 부족해서 조사를 끝내야 할 때

2회 정답

 정답

❶ 가로세로 어휘 찾기

피	냉	각	화	지	질	학	자	분	퇴
스	부	변	성	암	덕	강	★	포	덕
톤	피	집	암	★	지	진	원	★	암
지	표	기	포	단	층	앙	★	진	도
페	트	병	습	곡	★	탄	산	음	료

❷ 어휘 뜻 알기
- ㉮ 냉각 ㉯ 분포 ㉰ 진원
- ㉱ 진앙 ㉲ 습곡 ㉳ 피스톤
- ㉴ 단층 ㉵ 퇴적

❸ 비슷한 말 반대말 알기
- ㉮ 암석 ㉯ = ㉰ =
- ㉱ = ㉲ = ㉳ =

❹ 큰 말 작은 말 알기
- ㉮ < ㉯ 암석 ㉰ 변성암
- ㉱ > ㉲ 지각변동
- ㉳ 습곡 ㉴ >
- ㉵ 탄산음료 ㉶ 사이다

❺ 관용어 알기
- ㉮ 꺼지게 ㉯ ①
- ㉰ 굳어지다. ㉱ ②

❻ 어휘 활용하기
- ㉮ ⑩ ㉯ ② ㉰ ④ ㉱ ⑤
- ㉲ ③ ㉳ 예) 방 안에 귀신이 있는 것 같다고 생각하자 몸이 돌처럼 굳어졌다.

3회 정답

 정답

❶ 가로세로 어휘 찾기

마	지	못	해	국	빈	곤	궁	창	렬
유	니	세	프	제	약	헌	신	위	의
★	덕	파	견	기	근	혈	념	기	료
속	십	인	종	구	호	활	동	역	봉
샘	잔	★	넝	치	적	대	적	겸	사

❷ 어휘 뜻 알기
- ㉮ 마지못해 ㉯ 곤
- ㉰ 유니세프 ㉱ 역경
- ㉲ 파견 ㉳ 적십자
- ㉴ 헌혈 ㉵ 인종

❸ 비슷한 말 반대말 알기
- ㉮ 곤궁 ㉯ = ㉰ ↔
- ㉱ = ㉲ ↔ ㉳ =

❹ 큰 말 작은 말 알기
- ㉮ < ㉯ 구호 활동
- ㉰ 의료봉사 ㉱ <
- ㉲ 구호단체 ㉳ 유니세프
- ㉴ < ㉵ 인종 ㉶ 황인

❺ 관용어 알기
- ㉮ 붙잡아 준다. ㉯ ①
- ㉰ 춘향 ㉱ ③

❻ 어휘 활용하기
- ㉮ ② ㉯ ⑤ ㉰ ⑧ ㉱ ①
- ㉲ ④ ㉳ 예) 운동회에서 공연해야 하기 때문에 반 아이들이 하기 싫어 하면서도 단체로 부채춤을 연습할 때

4회 25쪽~28쪽

 퍼즐

다음과 같이 숫자 1이 앞에 올때는 모두 6개의 4자리 수가 만들어집니다.

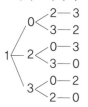

2와 3의 경우도 이런 방법으로 그려서 확인해 보면 각각 6개의 4자리 수가 만들어집니다. 따라서 6×3 즉 18개의 4자리 수를 만들 수 있습니다.

18 개

 정답

① 가로세로 어휘 찾기

참	지	표	척	물	서	브	턱	걸	이
도	공	격	수	★	사	뿍	장	실	격
움	중	후	비	뤁	겸	상	거	력	출
단	동	프	수	봉	단	거	리	★	발
기	작	질	주	★	력	★	겸	승	섭

② 어휘 뜻 알기
- 가 서브 나 도움닫기
- 다 공중동작 라 실격
- 마 결단력 바 표적물
- 사 후프 아 턱걸이

③ 비슷한 말 반대말 알기
- 가 실격 나 ↔ 다 ↔ 라 ↔
- 마 = 바 =

④ 큰 말 작은 말 알기
- 가 > 나 체조 다 철봉
- 라 < 마 선수 바 공격수
- 사 > 아 달리기 자 질주

⑤ 관용어 알기
- 가 잡은 토끼 놓친다.
- 나 ③ 다 결단 라 ②

⑥ 어휘 활용하기
- 가 ⑨ 나 ① 다 ③ 라 ④
- 마 ⑦ 바 예 나는 열심히 말렸지만 사생결단하고 싸우는 사람들을 떼어 놓기는 쉽지 않았다.

5회 29쪽~32쪽

 퍼즐

(7×2)+(5×4)=14+20=34g
2g : 0개, 5g : 4개, 7g : 2개

(7×4)+(5×5)=28+25=53g
2g : 0개, 5g : 5개, 7g : 4
(7×7)+(2×2)=49+4=53g
2g : 2개, 5g : 0개, 7g : 7개

정답

① 가로세로 어휘 찾기

진	로	탐	대	아	★	생	활	자	원
직	업	색	★	포	장	재	질	소	각
분	종	사	상	매	립	활	종	량	제
화	★	면	담	적	★	봉	★	흥	미
내	봉	물	구	성	원	자	아	실	천

② 어휘 뜻 알기
- 가 진로 나 종량제
- 다 자아 라 종사
- 마 적성 바 매립
- 사 생활 아 재활용

③ 비슷한 말 반대말 알기
- 가 상담 나 = 다 ↔ 라 =
- 마 = 바 ↔

④ 큰 말 작은 말 알기
- 가 < 나 업종 다 기술직
- 라 > 마 생활 자원
- 바 전기 사 >
- 아 쓰레기 처리 자 소각

⑤ 관용어 알기
- 가 구만 리다. 나 ①
- 다 두었다 쓰지. 라 ②

⑥ 어휘 활용하기
- 가 ② 나 ① 다 ⑤ 라 ⑦
- 마 ③ 바 예 이제 막 직장에 들어가서 열심히 일하는 능력 있는 신입 사원을 볼 때

6회 33쪽~36쪽

퍼즐

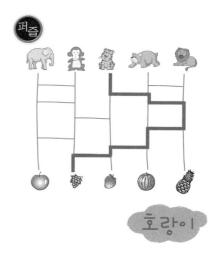

호랑이

 정답

① 가로세로 어휘 찾기

왕	위	세	습	우	산	국	별	동	대
전	시	중	앙	집	권	체	제	수	★
성	지	방	관	등	제	연	호	렵	토
기	내	란	호	왕	무	용	도	착	
율	령	반	포	국	호	★	이	주	민

② 어휘 뜻 알기
- 가 왕위 나 중앙집권
- 다 관등제 라 연호
- 마 율령 바 무용
- 사 전성기 아 수렵

③ 비슷한 말 반대말 알기
- 가 우산국 나 = 다 ↔
- 라 ↔ 마 = 바 =

④ 큰 말 작은 말 알기
- 가 < 나 이름 다 연호
- 라 > 마 백성 바 이주민
- 사 < 아 고분벽화
- 자 무용도

⑤ 관용어 알기
- 가 왕 노릇 할까. 나 ①
- 다 날리다. 라 ③

⑥ 어휘 활용하기
- 가 ① 나 ⑤ 다 ⑧ 라 ⑥
- 마 ⑦ 바 예 명우는 6학년 최고의 축구 선수로 이름을 날리고 있다.

7회 (37쪽~40쪽)

8회 (41쪽~44쪽)

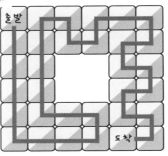

9회 (45쪽~48쪽)

일	월	화	수	목	금	토
1	2	3	4	5	6	7
8						
15	16	17				

다음 달은 일요일이 1일이 됩니다. 같은 요일이 돌아오려면 7일이 걸리기 때문에 2번째 일요일은 8일이 되고 3번째 일요일은 15일이 됩니다. 따라서 17일은 화요일이 됩니다.

화요일

정답 (7회)

① 가로세로 어휘 찾기

접	음	볼	매	만	지	며	보	조	개
다	성	멘	철	구	통	우	직	한	새
한	대	소	사	앨	장	작	다	몸	벽
쇳	소	리	★	밉	이	삿	집	★	녘
★	뒤	척	이	다	충	혈	굴	렁	쇠

② 어휘 뜻 알기
- ㉮ 매만지 ㉯ 볼멘
- ㉰ 대소사 ㉱ 우직한
- ㉲ 쇳소리 ㉳ 보조개
- ㉴ 절구 ㉵ 굴렁쇠

③ 비슷한 말 반대말 알기
- ㉮ 보조개 ㉯ ↔ ㉰ =
- ㉱ = ㉲ ↔ ㉳ =

④ 큰 말 작은 말 알기
- ㉮ < ㉯ 성격
- ㉰ 우직하다 ㉱ > ㉲ 때
- ㉳ 새벽녘 ㉴ > ㉵ 대소사
- ㉶ 잔치

⑤ 관용어 알기
- ㉮ 끼다. ㉯ ② ㉰ 나다.
- ㉱ ①

⑥ 어휘 활용하기
- ㉮ ⑥ ㉯ ② ㉰ ③ ㉱ ⑧
- ㉲ ⑦ ㉳ 예 친구들끼리 떡볶이 내기를 하려는 모습을 보고 나도 같이 하겠다고 말할 때

정답 (8회)

① 가로세로 어휘 찾기

연	골	격	혈	액	척	★	혈	심	장
혈	세	★	압	백	혈	구	관	★	기
소	포	강	혈	마	근	모	세	혈	관
판	★	비	장	디	장	등	골	뼈	덩
머	리	뼈	박	동	맥	척	추	동	물

② 어휘 뜻 알기
- ㉮ 혈장 ㉯ 연골 ㉰ 골세포
- ㉱ 모세 ㉲ 척추
- ㉳ 머리뼈 ㉴ 심장
- ㉵ 관절

③ 비슷한 말 반대말 알기
- ㉮ 등골뼈 ㉯ = ㉰ =
- ㉱ ↔ ㉲ = ㉳ =

④ 큰 말 작은 말 알기
- ㉮ > ㉯ 골격 ㉰ 등골뼈
- ㉱ < ㉲ 혈액 ㉳ 혈장
- ㉴ > ㉵ 혈관 ㉶ 동맥

⑤ 관용어 알기
- ㉮ 통하다. ㉯ ③
- ㉰ 휘도록 ㉱ ①

⑥ 어휘 활용하기
- ㉮ ⑦ ㉯ ⑧ ㉰ ⑤ ㉱ ⑨
- ㉲ ① ㉳ 예 할아버지와 할머니는 뼈가 휘도록 농사를 지어서 8남매를 키우셨다.

정답 (9회)

① 가로세로 어휘 찾기

행	동	방	식	존	중	★	안	규	난
꾸	중	후	유	증	혼	바	전	정	민
울	타	리	사	과	혁	자	거	속	구
위	인	담	여	동	창	최	리	도	호
협	배	려	생	계	녀	그	럽	다	법

② 어휘 뜻 알기
- ㉮ 위협 ㉯ 배려
- ㉰ 후유증 ㉱ 구호법
- ㉲ 행동방식 ㉳ 바자
- ㉴ 규정 ㉵ 울타리

③ 비슷한 말 반대말 알기
- ㉮ 꾸중 ㉯ = ㉰ ↔
- ㉱ = ㉲ ↔ ㉳ =

④ 큰 말 작은 말 알기
- ㉮ < ㉯ 교통법규
- ㉰ 안전거리 ㉱ >
- ㉲ 행동 방식 ㉳ 배려
- ㉴ > ㉵ 인생 ㉶ 여생

⑤ 관용어 알기
- ㉮ 못해도 한 꾸중 ㉯ ①
- ㉰ 벗어나다. ㉱ ②

⑥ 어휘 활용하기
- ㉮ ③ ㉯ ① ㉰ ⑨ ㉱ ⑦
- ㉲ ⑤ ㉳ 예 어린이들은 울타리를 벗어나 세계 속에서 활약하는 큰 꿈을 가져야 한다.

10회 49쪽~52쪽

퍼즐

| 1 | 3 | 5 | 7 | 9 |

$$\boxed{3} + \boxed{7} + \boxed{9} = 19$$

3, 7, 9

11회 53쪽~56쪽

퍼즐

작은 정사각형 : 16개
(2×2) 정사각형 : 9개
(3×3) 정사각형 : 4개
가장 큰 정사각형 : 1개

모두 30개

12회 57쪽~60쪽

퍼즐

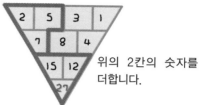

위의 2칸의 숫자를 더합니다.

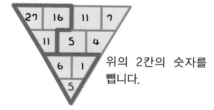

위의 2칸의 숫자를 뺍니다.

10회 정답

① 가로세로 어휘 찾기

특	스	케	이	트	비	물	방	장	구
수	키	부	판	집	시	★	차	리	들
★	타	자	곡	선	주	로	기	프	배
오	마	임	씨	삼	자	유	형	트	지
금	평	영	름	바	안	다	리	걸	기

② 어휘 뜻 알기
㉮ 오금 ㉯ 비율 ㉰ 집시
㉱ 들, 지기 ㉲ 마임
㉳ 스키 ㉴ 씨름 ㉵ 샅바

③ 비슷한 말 반대말 알기
㉮ 평영 ㉯ = ㉰ =
㉱ ↔ ㉲ ↔ ㉳ ↔

④ 큰 말 작은 말 알기
㉮ > ㉯ 씨름 기술
㉰ 들배지기 ㉱ >
㉲ 수영 ㉳ 평영 ㉴ <
㉵ 빙상경기 ㉶ 스키

⑤ 관용어 알기
㉮ 저리다. ㉯ ③
㉰ 잡다. ㉱ ②

⑥ 어휘 활용하기
㉮ ⑨ ㉯ ⑦ ㉰ ⑧ ㉱ ①
㉲ ⑩ ㉳ 예 엄마 지갑에서 몰래 돈을 꺼내서 썼는데 들 킬까 봐 무서워서 방에 숨어 있을 때

11회 정답

① 가로세로 어휘 찾기

모	★	주	가	지	치	기	쾌	적	한
목	련	목	생	★	침	삽	내	장	식
양	거	름	장	활	엽	수	분	갈	이
동	퇴	배	양	토	수	★	소	나	무
이	비	★	모	종	삽	물	뿌	리	개

② 어휘 뜻 알기
㉮ 쾌적한 ㉯ 가지치기
㉰ 배양토 ㉱ 분갈이
㉲ 거름 ㉳ 모종삽
㉴ 뿌리개 ㉵ 침엽

③ 비슷한 말 반대말 알기
㉮ 생장 ㉯ ↔ ㉰ =
㉱ = ㉲ = ㉳ =

④ 큰 말 작은 말 알기
㉮ > ㉯ 나무
㉰ 활엽수 ㉱ > ㉲ 거름
㉳ 퇴비 ㉴ <
㉵ 실내장식 ㉶ 벽지

⑤ 관용어 알기
㉮ 새 같다. ㉯ ③
㉰ 거름 ㉱ ①

⑥ 어휘 활용하기
㉮ ④ ㉯ ⑥ ㉰ ② ㉱ ①
㉲ ⑤ ㉳ 예 봄은 식물들이 생장하는 계절이다.

12회 정답

① 가로세로 어휘 찾기

충	원	고	구	려	비	상	좌	평	호
한	대	대	로	★	진	대	충	흥	우
도	순	수	비	성	골	등	골	품	명
문	화	교	류	정	사	암	회	의	그
★	랑	마	립	간	영	토	확	장	록

② 어휘 뜻 알기
㉮ 골품 ㉯ 상대등
㉰ 마립간 ㉱ 대대로
㉲ 정사암 ㉳ 호우명
㉴ 화랑 ㉵ 고구려

③ 비슷한 말 반대말 알기
㉮ 마립간 ㉯ = ㉰ =
㉱ ↔ ㉲ ↔ ㉳ =

④ 큰 말 작은 말 알기
㉮ < ㉯ 귀족 회의
㉰ 화백 ㉱ >
㉲ 골품 ㉳ 진골 ㉴ <
㉵ 수상 ㉶ 상대등

⑤ 관용어 알기
㉮ 넘친다. ㉯ ①
㉰ 부처도 앙군다. ㉱ ②

⑥ 어휘 활용하기
㉮ ⑩ ㉯ ⑨ ㉰ ⑥ ㉱ ①
㉲ ② ㉳ 예 크게 발전해 나 가던 회사가 법을 어긴 사실 이 탄로나 망하게 되었을 때

13회 61쪽~64쪽

퍼즐

9시 25분

7시 55분

정답

1 가로세로 어휘 찾기

츄	꽁	부	가	거	피	팥	어	심	불
켜	지	도	새	소	쿠	리	음	정	소
올	알	거	지	몸	채	마	밭	덜	시
리	명	석	르	놀	깍	쟁	이	령	개
다	정	접	다	림	★	열	기	설	기

2 어휘 뜻 알기
㉮ 어음 ㉯ 설령 ㉰ 채마밭
㉱ 얼기설기 ㉲ 가새, 르
㉳ 꽁지 ㉴ 소쿠리 ㉵ 멍석

3 비슷한 말 반대말 알기
㉮ 심정 ㉯ = ㉰ = ㉱ =
㉲ ↔ ㉳ ↔

4 큰 말 작은 말 알기
㉮ < ㉯ 증권 ㉰ 어음
㉱ > ㉲ 깔개 ㉳ 멍석
㉴ < ㉵ 동작
㉶ 추켜올리다

5 관용어 알기
㉮ 수탉 같다. ㉯ ③
㉰ 생쥐 드나들 듯 ㉱ ②

6 어휘 활용하기
㉮ ② ㉯ ⑥ ㉰ ⑨ ㉱ ⑤
㉲ ⑧ ㉳ 예 나뭇가지로 얼기설기 엮어서 만든 집은 바람이 숭숭 들어왔다.

14회 65쪽~68쪽

퍼즐

6의 카드를 거꾸로 하여 9로 만든 다음 1을 제외한 숫자들을 큰 수부터 늘어놓은 뒤 1로 나눕니다.
99743÷1＝99743

99743

정답

1 가로세로 어휘 찾기

호	쓸	방	광	노	★	소	화	효	소
흡	개	땀	샘	폐	대	장	★	창	문
기	관	지	날	물	모	영	배	덜	식
관	★	들	숨	산	공	감	★	요	도
이	산	화	탄	소	화	기	관	허	파

2 어휘 뜻 알기
㉮ 들숨 ㉯ 장염
㉰ 노폐물 ㉱ 효소
㉲ 호흡 ㉳ 식도
㉴ 허파 ㉵ 기관지

3 비슷한 말 반대말 알기
㉮ 허파 ㉯ = ㉰ ↔
㉱ = ㉲ = ㉳ =

4 큰 말 작은 말 알기
㉮ > ㉯ 호흡기관
㉰ 허파 ㉱ <
㉲ 소화기관 ㉳ 식도
㉴ > ㉵ 기체 ㉶ 산소

5 관용어 알기
㉮ 날숨 없다. ㉯ ①
㉰ 들어가다. ㉱ ②

6 어휘 활용하기
㉮ ⑤ ㉯ ② ㉰ ④ ㉱ ⑨
㉲ ③ ㉳ 예 시험을 못 봐서 엄마가 화가 나셨는데 새로 산 운동화까지 잃어버렸다고 말해야 할 때

15회 69쪽~72쪽

퍼즐

④ ＋, －

④ ×, －

정답

1 가로세로 어휘 찾기

크	래	킹	온	실	효	과	복	사	열
자	정	작	용	대	소	합	덥	세	제
고	도	심	지	기	병	습	지	방	장
물	연	생	청	하	천	조	덥	충	학
상	소	강	빈	덧	버	선	등	록	금

2 어휘 뜻 알기
㉮ 복사열 ㉯ 크래킹
㉰ 소벌 ㉱ 청빈
㉲ 자정 ㉳ 고물상
㉴ 덧버선 ㉵ 합성

3 비슷한 말 반대말 알기
㉮ 소벌 ㉯ ↔ ㉰ =
㉱ ↔ ㉲ = ㉳ =

4 큰 말 작은 말 알기
㉮ > ㉯ 학비 ㉰ 등록금
㉱ < ㉲ 합성세제
㉳ 주방 세제 ㉴ >
㉵ 하천 ㉶ 샛강

5 관용어 알기
㉮ 화초 ㉯ ②
㉰ 태우다. ㉱ ①

6 어휘 활용하기
㉮ ⑦ ㉯ ⑩ ㉰ ⑤ ㉱ ④
㉲ ③ ㉳ 예 그 동안 부모님께서 모든 일을 다 해 주셔서 혼자서는 옷도 못 고르는 사람을 볼 때

16회

 퍼즐

덤은 돔이 되어야 합니다.

 다람쥐 도장

17회

 퍼즐

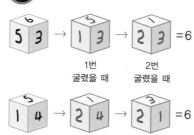

$5 \ 3 \rightarrow 1 \ 3 \rightarrow 2 \ 3 = 6$

1번 굴렸을 때 　 2번 굴렸을 때

$1 \ 4 \rightarrow 2 \ 4 \rightarrow 2 \ 1 = 6$

1번 굴렸을 때 　 오른쪽으로 1번 굴렸을 때

18회

퍼즐

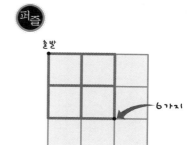

출발 ● 　　　　 6가지 　 도착●

$6×2+4+4=20$

20 가지

정답 (16회)

① 가로세로 어휘 찾기

울	라	멩	고	★	체	생	식	기	관
덤	출	평	균	대	진	호	르	몬	준
징	산	형	피	하	지	방	수	영	발
유	연	성	용	★	정	근	지	구	력
모	리	스	춤	나	자	력	사	춘	기

② 어휘 뜻 알기

- ㉮ 체질 ㉯ 성징
- ㉰ 평형 ㉱ 호르몬
- ㉲ 생식 ㉳ 훌라멩고
- ㉴ 평균대 ㉵ 정자

③ 비슷한 말 반대말 알기

- ㉮ 체질 ㉯ = ㉰ =
- ㉱ ↔ ㉲ = ㉳ ↔

④ 큰 말 작은 말 알기

- ㉮ < ㉯ 민속춤
- ㉰ 훌라멩고 ㉱ >
- ㉲ 생식 ㉳ 체내 생식
- ㉴ > ㉵ 호르몬
- ㉶ 여성호르몬

⑤ 관용어 알기

- ㉮ 춤 ㉯ ② ㉰ 총각 오장은 알아야 좋다. ㉱ ③

⑥ 어휘 활용하기

- ㉮ ⑦ ㉯ ② ㉰ ③ ㉱ ⑨
- ㉲ ④ ㉳ ㉲ 친구들에게 끌려 무서운 놀이 기구에 억지로 탔는데 내리고 싶지만 이미 출발했을 때

정답 (17회)

① 가로세로 어휘 찾기

양	송	이	치	귀	얄	플	로	어	링
마	요	네	즈	합	판	바	밑	실	패
버	재	봉	틀	손	바	느	질	채	복
터	벌	목	집	성	재	집	★	기	음
식	빵	노	루	발	★	선	주	먹	밥

② 어휘 뜻 알기

- ㉮ 귀얄 ㉯ 합판 ㉰ 벌목
- ㉱ 밑실 ㉲ 플로어링
- ㉳ 치즈 ㉴ 바느질선
- ㉵ 노루발

③ 비슷한 말 반대말 알기

- ㉮ 합판 ㉯ = ㉰ =
- ㉱ ↔ ㉲ = ㉳ =

④ 큰 말 작은 말 알기

- ㉮ < ㉯ 밥 ㉰ 주먹밥
- ㉱ > ㉲ 버섯 ㉳ 양송이
- ㉴ < ㉵ 유제품 ㉶ 버터

⑤ 관용어 알기

- ㉮ 바늘 간다. ㉯ ①
- ㉰ 먼저 베인다. ㉱ ②

⑥ 어휘 활용하기

- ㉮ ⑦ ㉯ ⑨ ㉰ ① ㉱ ②
- ㉲ ③ ㉳ ㉲ 지나친 벌목 때문에 아마존 밀림이 파괴되고 있다.

정답 (18회)

① 가로세로 어휘 찾기

화	친	관	계	사	안	★	정	추	양
한	참	사	신	비	동	토	벌	★	풍
강	락	풍	진	성	도	보	관	작	월
유	몽	립	섭	정	호	루	정	변	주
역	웅	진	도	독	부	천	리	강	덤

② 어휘 뜻 알기

- ㉮ 정변 ㉯ 옹립 ㉰ 벌
- ㉱ 추앙 ㉲ 화친
- ㉳ 한강 ㉴ 천리
- ㉵ 섭정

③ 비슷한 말 반대말 알기

- ㉮ 토벌 ㉯ = ㉰ =
- ㉱ ↔ ㉲ = ㉳ =

④ 큰 말 작은 말 알기

- ㉮ > ㉯ 백제 수도
- ㉰ 사비성 ㉱ > ㉲ 정변
- ㉳ 무신정변 ㉴ <
- ㉵ 관작 ㉶ 영의정

⑤ 관용어 알기

- ㉮ 돌 던지기. ㉯ ③
- ㉰ 한 걸음부터 ㉱ ②

⑥ 어휘 활용하기

- ㉮ ⑦ ㉯ ⑤ ㉰ ① ㉱ ②
- ㉲ ⑥ ㉳ ㉲ 퍼즐 게임을 시작했다가 진도가 잘 안 나간다고 짜증을 내는 동생을 타이를 때

139

퍼즐

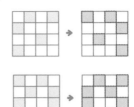

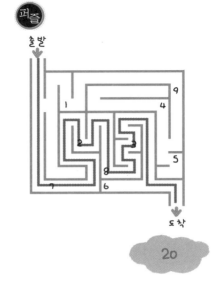

출발

도착

20

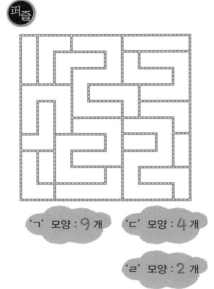

'ㄱ' 모양 : 9 개   'ㄷ' 모양 : 4 개

'ㄹ' 모양 : 2 개

정답

① 가로세로 어휘 찾기

떡	쌀	시	능	곳	집	목	수	럴	뽀
조	무	래	기	꽃	틀	공	줄	렘	로
돌	림	병	★	상	손	다	짐	턱	통
고	논	두	렁	여	근	절	염	수	하
봉	의	기	양	양	동	묵	직	하	다

② 어휘 뜻 알기
㉮ 시늉 ㉯ 곳집
㉰ 조무래기 ㉱ 의기양양
㉲ 뽀로통 ㉳ 상여
㉴ 고봉 ㉵ 두렁

③ 비슷한 말 반대말 알기
㉮ 시늉 ㉯ = ㉰ =
㉱ = ㉲ ↔ ㉳ ↔

④ 큰 말 작은 말 알기
㉮ < ㉯ 두둑 ㉰ 논두렁
㉱ < ㉲ 장례 도구
㉳ 꽃상여 ㉴ >
㉵ 표정 ㉶ 뽀로통

⑤ 관용어 알기
㉮ 으쓱거리다. ㉯ ①
㉰ 이가 빠진 것 같다. ㉱ ②

⑥ 어휘 활용하기
㉮ ⑤ ㉯ ① ㉰ ⑦ ㉱ ⑨
㉲ ④ ㉳ 예 새로 산 운동화를 신고 학교에 갔는데 친구들이 다들 멋있다고 할 때

정답

① 가로세로 어휘 찾기

변	비	갈	증	척	수	연	체	동	물
반	말	초	신	경	계	환	★	감	장
응	현	미	경	묵	지	형	양	서	류
신	경	감	깜	각	기	관	깃	털	분
장	★	후	각	★	★	피	부	조	류

② 어휘 뜻 알기
㉮ 갈증 ㉯ 척수 ㉰ 신경
㉱ 양서 ㉲ 감각
㉳ 연체 ㉴ 현미경
㉵ 깃털

③ 비슷한 말 반대말 알기
㉮ 갈증 ㉯ = ㉰ ↔
㉱ = ㉲ = ㉳ =

④ 큰 말 작은 말 알기
㉮ > ㉯ 감각 ㉰ 촉각
㉱ > ㉲ 연체동물
㉳ 오징어 ㉴ >
㉵ 양서류 ㉶ 개구리

⑤ 관용어 알기
㉮ 우물 판다. ㉯ ③ ㉰ 올챙이 적 생각 못한다. ㉱ ①

⑥ 어휘 활용하기
㉮ ① ㉯ ⑥ ㉰ ③ ㉱ ⑤
㉲ ⑦ ㉳ 예 올해 중학생이 된 형이 초등학생인 나를 무시할 때

정답

① 가로세로 어휘 찾기

분	★	공	판	★	경	쟁	장	벽	경
단	물	동	문	도	지	뢰	밥	합	의
병	자	체	점	로	동	포	휴	전	선
영	귀	순	자	망	비	무	장	지	대
환	경	마	크	곽	밥	연	덕	배	기

② 어휘 뜻 알기
㉮ 판문점 ㉯ 합의
㉰ 경의선 ㉱ 지뢰
㉲ 비무장 ㉳ 장벽
㉴ 환경 ㉵ 곽밥

③ 비슷한 말 반대말 알기
㉮ 도시락 ㉯ ↔ ㉰ =
㉱ = ㉲ ↔ ㉳ =

④ 큰 말 작은 말 알기
㉮ < ㉯ 분단
㉰ 휴전선 ㉱ >
㉲ 북한말 ㉳ 곽밥 ㉴ <
㉵ 동포 ㉶ 교민

⑤ 관용어 알기
㉮ 이별 ㉯ ②
㉰ 흥정은 붙인다. ㉱ ①

⑥ 어휘 활용하기
㉮ ⑧ ㉯ ⑨ ㉰ ④ ㉱ ①
㉲ ⑤ ㉳ 예 겨울 방학 때 친해진 친구가 학년이 바뀌자 전학을 가게 되었을 때

22회 97쪽~100쪽

퍼즐

㉮는 7단입니다.
7, 14, 21, 28, 35, 42, (49)
㉯는 앞의 수에 3을 곱합니다.
3, 9, 27, 81, (243), 729, 2187
㉰는 앞의 수에서 5를 뺍니다.
32, 27, 22, 17, 12, (7), 2
㉱는 앞의 수를 2로 나눕니다.
64, 32, 16, (8), 4, 2, 1
㉲는 앞의 수에 더하는 수를 1씩 증가시켜 더합니다.
10, 11, 13, 16, 20, 25, (31)

정답

① 가로세로 어휘 찾기

면	역	능	력	재	난	환	불	질	식
송	천	공	거	허	방	각	면	약	마
금	재	중	항	부	패	제	증	취	약
속	지	보	력	아	나	바	다	문	동
★	변	건	공	해	병	약	물	남	용

② 어휘 뜻 알기
㉮ 질식 ㉯ 공해
㉰ 처방 ㉱ 환각
㉲ 면역 ㉳ 재난
㉴ 아나바다
㉵ 보건

③ 비슷한 말 반대말 알기
㉮ 재난 ㉯ ↔ ㉰ =
㉱ = ㉲ ↔ ㉳ ↔

④ 큰 말 작은 말 알기
㉮ < ㉯ 천재지변
㉰ 해일 ㉱ > ㉲ 아나바다
㉳ 나눠 쓰기 ㉴ <
㉵ 공해병 ㉶ 미나마타병

⑤ 관용어 알기
㉮ 장사 없다. ㉯ ①
㉰ 팔다. ㉱ ③

⑥ 어휘 활용하기
㉮ ① ㉯ ③ ㉰ ④ ㉱ ⑧
㉲ ⑥ ㉳ 예) 병아리 장수 아저씨가 약을 파는 데 혹해서 병아리를 2마리 샀다.

23회 101쪽~104쪽

퍼즐

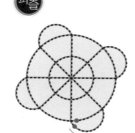

한붓그리기가 가능하려면 도형의 꼭짓점을 지나는 선의 수가 짝수이거나, 단 두 개만이 홀수 개의 선을 지나야 합니다. 문제의 도형은 꼭짓점을 지난 선의 수가 모두 짝수이므로 어디에서 시작하든지 한붓그리기가 가능합니다.

정답

① 가로세로 어휘 찾기

대	패	실	조	부	부	화	기	계	유
양	날	톱	립	엽	배	합	사	료	용
장	자	애	되	새	김	질	육	방	하
도	종	란	사	포	가	금	류	역	다
리	곱	자	애	완	동	물	마	름	질

② 어휘 뜻 알기
㉮ 자애 ㉯ 방역 ㉰ 종란
㉱ 마름질 ㉲ 되새김질
㉳ 대패 ㉴ 장도리
㉵ 곱자

③ 비슷한 말 반대말 알기
㉮ 종란 ㉯ ↔ ㉰ ↔
㉱ = ㉲ = ㉳ =

④ 큰 말 작은 말 알기
㉮ < ㉯ 가금류 ㉰ 오리
㉱ > ㉲ 애완동물
㉳ 고양이 ㉴ < ㉵ 연장
㉶ 대패

⑤ 관용어 알기
㉮ 씹어야 맛을 안다. ㉯ ③
㉰ 먹다. ㉱ ②

⑥ 어휘 활용하기
㉮ ③ ㉯ ⑤ ㉰ ⑩ ㉱ ②
㉲ ⑨ ㉳ 예) 음식점에서 밥을 먹다가 벌레가 나오자 조목조목 따져서 사과를 받아 내는 친구를 볼 때

24회 105쪽~108쪽

퍼즐

3시간 30분 뒤

5시간 20분 뒤

정답

① 가로세로 어휘 찾기

억	류	신	라	방	청	불	국	사	직
토	원	라	관	료	전	독	합	지	계
용	효	소	무	역	로	음	★	방	자
화	대	대	왕	양	공	중	앙	군	손
친	산	물	산	항	물	삼	한	통	영

② 어휘 뜻 알기
㉮ 억류 ㉯ 라방
㉰ 관료 ㉱ 중앙
㉲ 삼한 ㉳ 토용
㉴ 무역 ㉵ 불국사

③ 비슷한 말 반대말 알기
㉮ 억류 ㉯ = ㉰ ↔
㉱ ↔ ㉲ = ㉳ =

④ 큰 말 작은 말 알기
㉮ > ㉯ 신라인 거주지
㉰ 신라방 ㉱ < ㉲ 군인
㉳ 지방군 ㉴ > ㉵ 토지
㉶ 정전

⑤ 관용어 알기
㉮ 성한 간색이라. ㉯ ①
㉰ 시주하기. ㉱ ②

⑥ 어휘 활용하기
㉮ ① ㉯ ② ㉰ ⑦ ㉱ ⑤
㉲ ⑥ ㉳ 예) 일찍 등교하여 당번 대신 교실 정리 정돈을 하였는데 아무도 모르고 지나갔을 때

25회 109쪽~112쪽

 퍼즐

30÷5 (16) 13×2 (9)

19-2

27 54-20

(4×9)

3×5 (52-3)

9=3×3
16=4×4
4×9=36=6×6
52-3=49=7×7

26회 113쪽~116쪽

퍼즐

27회 117쪽~120쪽

퍼즐

 ➡ 5

  ➡ 8

  ➡ 7

정답 (25회)

① 가로세로 어휘 찾기

입	김	암	거	아	삼	아	삼	하	다
잘	쌈	상	간	답	투	신	줏	답	지
금	지	스	꾼	싸	례	★	봉	당	의
잘	★	레	★	리	짐	괴	목	장	소
금	꼬	락	서	니	개	다	리	소	반

② 어휘 뜻 알기
㉮ 봉당 ㉯ 투레질
㉰ 거간꾼 ㉱ 신줏단지
㉲ 암상스레 ㉳ 쌈지
㉴ 괴목장 ㉵ 개다리

③ 비슷한 말 반대말 알기
㉮ 투레질 ㉯ ↔ ㉰ =
㉱ = ㉲ ↔ ㉳ =

④ 큰 말 작은 말 알기
㉮ < ㉯ 직업 ㉰ 거간꾼
㉱ < ㉲ 상 ㉳ 소반
㉴ > ㉵ 채소 ㉶ 시래기

⑤ 관용어 알기
㉮ 안방까지 달란다. ㉯ ③
㉰ 어리다. ㉱ ②

⑥ 어휘 활용하기
㉮ ⑩ ㉯ ③ ㉰ ⑦ ㉱ ④
㉲ ⑨ ㉳ 예 암상스러운 동생에게 나는 모든 것을 양보해야 했다.

정답 (26회)

① 가로세로 어휘 찾기

네	온	수	송	관	청	정	열	로	취
수	부	탄	액	에	천	기	중	기	급
조	적	기	화	너	연	탄	가	설	냉
자	외	선	★	진	가	자	메	탑	각
★	선	태	양	열	스	석	표	백	제

② 어휘 뜻 알기
㉮ 수송관 ㉯ 청정연료
㉰ 가설 ㉱ 액화
㉲ 적외선 ㉳ 기중기
㉴ 태양열 ㉵ 자외선

③ 비슷한 말 반대말 알기
㉮ 취급 ㉯ ↔ ㉰ ↔
㉱ = ㉲ = ㉳ =

④ 큰 말 작은 말 알기
㉮ > ㉯ 에너지 ㉰ 태양열
㉱ > ㉲ 전자파 ㉳ 적외선
㉴ < ㉵ 청정 연료
㉶ 태양열

⑤ 관용어 알기
㉮ 보다. ㉯ ②
㉰ 속은 희다. ㉱ ①

⑥ 어휘 활용하기
㉮ ⑧ ㉯ ① ㉰ ⑤ ㉱ ②
㉲ ④ ㉳ 예 오랫동안 연구에 힘을 쏟은 과학자가 마침내 노벨 상을 받아 유명해졌을 때

정답 (27회)

① 가로세로 어휘 찾기

법	치	국	가	★	거	작	권	법	형
파	괴	력	성	만	사	형	통	네	설
관	씨	족	자	조	문	널	애	티	지
봉	빈	민	굴	기	★	빤	도	켓	공
마	부	작	침	휴	양	지	환	호	성

② 어휘 뜻 알기
㉮ 관용 ㉯ 법치, 가
㉰ 만, 형통 ㉱ 형설, 공
㉲ 부작침 ㉳ 조기
㉴ 환호 ㉵ 휴양

③ 비슷한 말 반대말 알기
㉮ 법치국가 ㉯ ↔ ㉰ =
㉱ = ㉲ = ㉳ =

④ 큰 말 작은 말 알기
㉮ > ㉯ 장소 ㉰ 휴양지
㉱ < ㉲ 국가 ㉳ 법치국가
㉴ > ㉵ 사자성어
㉶ 형설지공

⑤ 관용어 알기
㉮ 돕는 자를 돕는다. ㉯ ①
㉰ 주먹은 가깝다. ㉱ ③

⑥ 어휘 활용하기
㉮ ⑥ ㉯ ① ㉰ ③ ㉱ ⑤
㉲ ⑧ ㉳ 예 얼굴이 보이지 않아 험한 말이 오가기 쉬운 인터넷 상에서는 네티켓을 꼭 지켜야 한다.

28회

 퍼즐

 ❶ ❷ ❸

정답

❶ 가로세로 어휘 찾기

극	음	악	뮤	리	코	더	이	음	줄
교	향	곡	지	오	조	취	변	주	곡
비	창	극	컬	페	성	타	수	제	천
발	어	물	림	라	산	조	심	지	휘
디	여	린	내	기	풍	년	가	답	소

❷ 어휘 뜻 알기
㉮ 이음줄 ㉯ 조성
㉰ 취타 ㉱ 변주곡
㉲ 교향곡 ㉳ 단소
㉴ 창극 ㉵ 뮤지컬

❸ 비슷한 말 반대말 알기
㉮ 교향곡 ㉯ = ㉰ ↔
㉱ = ㉲ = ㉳ =

❹ 큰 말 작은 말 알기
㉮ < ㉯ 민요 ㉰ 수심가
㉱ > ㉲ 극음악
㉳ 오페라 ㉴ >
㉵ 연주 기호 ㉶ 이음줄

❺ 관용어 알기
㉮ 남 어울림에 산다.
㉯ ① ㉰ 춤이 짐작 ㉱ ②

❻ 어휘 활용하기
㉮ ③ ㉯ ⑤ ㉰ ⑥ ㉱ ①
㉲ ② ㉳ 예 왕따를 당해 힘들어 하던 아이가 다른 친구들을 사귀면서 밝아졌을 때

29회

 퍼즐

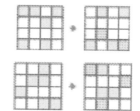

정답

❶ 가로세로 어휘 찾기

사	이	버	공	간	운	영	자	판	애
편	자	우	편	인	대	화	방	사	니
파	댓	채	네	터	누	리	꾼	이	메
일	글	팅	티	넷	게	시	판	트	이
★	검	색	즌	프	레	젠	테	이	션

❷ 어휘 뜻 알기
㉮ 대화방 ㉯ 댓글
㉰ 네티즌 ㉱ 검색
㉲ 프레젠 ㉳ 애니메
㉴ 채팅 ㉵ 파일

❸ 비슷한 말 반대말 알기
㉮ 전자우편 ㉯ = ㉰ =
㉱ = ㉲ = ㉳ =

❹ 큰 말 작은 말 알기
㉮ < ㉯ 인터넷
㉰ 전자우편 ㉱ >
㉲ 사이트 ㉳ 네이버 ㉴ <
㉵ 프로그램 ㉶ 엑셀

❺ 관용어 알기
㉮ 오는 말이 곱다. ㉯ ②
㉰ 말을 만든다. ㉱ ③

❻ 어휘 활용하기
㉮ ② ㉯ ③ ㉰ ⑧ ㉱ ⑤
㉲ ④ ㉳ 예 종이에 손이 베였다는 말을 짝에게 했는데, 그 다음 쉬는 시간에 다른 반 친구들이 "너 손목 잘렸다며?" 하며 놀라서 뛰어왔을 때

30회

 퍼즐

16÷16   19   23-10

32×2   27÷3   49×1

7   29×2   6×14

12+36   53   13×3

16÷16=1
6×14=84

정답

❶ 가로세로 어휘 찾기

발	해	동	성	국	차	천	놀	이	동
대	치	미	왕	건	★	유	교	개	민
조	호	★	천	삼	사	★	서	경	봉
영	조	교	종	노	비	안	검	법	기
풍	수	지	리	설	관	거	제	고	려

❷ 어휘 뜻 알기
㉮ 해동성국 ㉯ 봉기
㉰ 삼사 ㉱ 안검법
㉲ 풍수 ㉳ 치미
㉴ 차전 ㉵ 해치

❸ 비슷한 말 반대말 알기
㉮ 해치 ㉯ ↔ ㉰ =
㉱ = ㉲ = ㉳ =

❹ 큰 말 작은 말 알기
㉮ < ㉯ 불교 ㉰ 선종
㉱ > ㉲ 관리 등용
㉳ 과거제 ㉴ < ㉵ 삼사
㉶ 태부

❺ 관용어 알기
㉮ 시관이 개떡 ㉯ ①
㉰ 풍수 ㉱ ③

❻ 어휘 활용하기
㉮ ⑦ ㉯ ① ㉰ ③ ㉱ ④
㉲ ② ㉳ 예 한 번도 해외여행을 가 보지 않은 사람이 다른 나라는 위험하고 더럽다며 가지 말라고 할 때